# Herrlichkeit

*Erleben Sie die Atmosphäre des Himmels*

**Ruth Ward Heflin**

**Herrlichkeit**
Copyright © 1994, 2022 — Calvary Campground
Alle Rechte vorbehalten

Alle Bibelzitate sind der Lutherbibel (rev. 1984) entnommen.

Herausgeber:

McDougal Publishing
PO Box 3595
Hagerstown, MD 21742-3595

Titel der amerikanischen Originalausgabe *Glory, Experriencing the Atmosphere of Heaven,*
copyright © 1990 — Ruth Heflin

ISBN 978-1-884369-16-2

Gedruckt auf Anfrage in den USA, Großbritannien und Australien zur weltweiten Verbreitung

# Einleitung

Die meisten Bücher sind geschrieben. Dieses wurde hauptsächlich gesprochen. Es ist eine Zusammenstellung von unseren Unterrichtsseminaren in Jerusalem, Predigten von Ashland/Virginia und Auszüge von Botschaften, die in England, Australien und anderen Teilen der Welt gegeben wurden.

Meine Dankbarkeit gebührt Pastor Harold McDougal, der gewissenhaft die Tonbandau fzeichnungen anhörte und für mich zusammenstellte. Es war ein großer Liebesdienst. Jeder, der durch dieses Buch gesegnet wird, schuldet ihm einen ganz besonderen Dank.

Danken möchte ich auch Hr. Glenn Bunch aus Baltimore, Maryland, Hr. Arlo Allen aus Washington, D.C., und Fr. Dorothy Buss aus Jasper, Arkansas für ihre musikalischen Arrangements.

Ich biete mein Buch Herrlichkeit, eine Jerusalemer Erfahrung, in dieser deutschen Übersetzung an, da ich das deutsche Volk und alle deutsch sprechenden Menschen sehr schätze. Ich hatte das Vorrecht in Deutschland zu sprechen und in anderen deutsch sprechenden Ländern. Wir waren auch sehr glücklich, viele Deutsche und deutsch sprechende Pilger in unseren Treffen in Jerusalem begrüssen zu können.

Mein besonderer Dank und meine Anerkennung geht an Brigitte Braun für ihre Vision, dieses Buch zu übersetzen und ihre unermüdlichen Bemühungen, das Buch zu vollenden.

*Ruth Heflin*
*November 1993*
*Jerusalem*

*Und die erste Gestalt war gleich einem Löwen, und die zweite Gestalt war gleich einem Stier, und die dritte Gestalt hatte ein Antlitz wie ein Mensch, und die vierte Gestalt war gleich einem fliegenden Adler und eine jede der vier Gestalten hatte sechs Flügel, und sie waren außen und innen voller Augen, und sie hatten keine Ruhe Tag und Nacht und sprachen: „Heilig, heilig, heilig ist Gott der HERR, der Allmächtige, der da war und der da ist und der da kommt."*

Offenbarung. 4:7-8

> *Und ich sah und siehe, an der Himmelsfeste über dem Haupt der Cherubim glänzte es wie ein Saphir, und über ihnen war etwas zu sehen, wie ein Thron.* Hesekiel 10:1

In der Nacht des 20. Juni 1971 hatte ich einen Besuch der himmlischen Gestalten. Innerhalb weniger Momente war mein Leben vollkommen verändert. Ich wußte, ich würde in Jerusalem leben und teilhaben an Gottes Plan für die Stadt und ihre Menschen. Während all der Jahre sah ich immer wieder Erscheinungen der himmlischen Gestalten, diese sind es, die den Thron Gottes hochheben.

Ich wählte die himmlischen Gestalten für den Umschlag des Buches *„Herrlichkeit"*, weil sie ganz besonders den Thron Gottes beispielhaft erklären, die Herrlichkeit um den Thron herum und die Bewegung des Thrones in seiner Machtvollkommenheit in der gesamten Welt.

So wie andere himmlische Wesen über einzelne Nationen oder Gebiete wachen, so glaube ich persönlich, daß die himmlischen Gestalten diese Wesen sind, die über Israel und über Gottes Pläne für Israel und deren Erfüllung wachen.

Im Englischen wird das Wort *„Glory"* verwandt für die Herrlichkeit, Verherrlichung, Majestät, Ruhm und Verklärung. Es ist auch die spürbare Gegenwart Gottes.

# Dieses Buch ist gewidmet,

meinem gottseligen Vater, Hr. P. Wallace H. Heflin sen.,

meiner frommen Mutter, Fr. P. Edith Heflin,
meinem gesalbten Bruder, Hr. P. Wallace H. Heflin jun.,

Hr. Kanon. Francis Collins of Storrington,

meinen treuen Freunden Susan Woodaman, Irene Bredlow, Alice Ford und Janet Saunders, mit welchen ich in der Wolke stand.

Einer zahllosen Gruppe von Freunden und Pilgern aus allen Nationen, die zusammen mit uns in der Herrlichkeit in Jerusalem Gott lobten und anbeteten.

Allen Hungrigen, die sich ebenso wie ich danach sehnen, daß Gottes Herrlichkeit auf der ganzen Welt offenbart werde.

# Inhaltsverzeichnis

**LOBPREIS** ...........................................................1
Als ein Werkzeug der Ernte....................................3
Als ein Freudenfest ................................................35
In der Kriegsführung .............................................47
Zum Aufsteigen......................................................75

**ANBETUNG**........................................................83
Die natürliche Erweiterung des Lobpreises ..........85
Betet den König an — Majestät .............................103
Bete den Geliebten an — Vertrautheit...................117

**HERRLICHKEIT** ..............................................141
Die Sphäre der Herrlichkeit.................................143
Die Leichtigkeit in der Herrlichkeit.....................161
Die Offenbarung durch die Herrlichkeit .............169
Das Wissen durch die Herrlichkeit......................201
Die Perspektive der Herrlichkeit.........................215

# Liederverzeichnis

| | |
|---|---:|
| Wir preisen dich o Herr in Zion | 4 |
| Wie herrlich sind die Tage | 36 |
| Kommt, laßt uns anbeten | 48 |
| Du bist wunderbar Jesus | 76 |
| Erwecke mein Herz | 86 |
| Ich möcht' so gern Herr, dein Gesicht sehen | 104 |
| Ich schau' auf dein Gesicht | 118 |
| Er ist so wunderschön | 144 |
| Ich stehe in der Herrlichkeit des Herrn | 162 |
| Die Herrlichkeit bringt dich | 170 |
| Hosianna | 202 |
| Keine Grenzen im Geist Gottes | 216 |
| Jerusalem - Ein Haus des Gebets | 226 |
| Ich bitt' für die Völker | 227 |
| Er gab's mir | 228 |
| Und so warten wir | 230 |
| So viele Wunder wirktest du | 231 |
| Ich spür' das Flattern ihrer Flügel | 232 |
| Dich will ich anschaun' Herr | 233 |
| Warum läßt du nicht los und Gott tun | 235 |

# Vorwort

An einem Sonntag nach dem Abendgottesdienst wurde ich geboren. Meine Eltern waren Pioniere der Pfingstbewegung. In der Zeit, als ich geboren wurde, lebten sie in einigen Räumen der Sonntagsschule in der Kirche in Richmond/Virginia, die sie gegründet hatten.

Als ich ein junges Mädchen war, ging ich am Mittwoch Nachmittag direkt von der Schule zur Kirche. Die Gläubigen der Kirche waren im Gebet versammelt in der Zeit von ein Uhr bis vier Uhr. Ich besuchte die meisten dieser Gebetsversammlungen.

In den ersten zwei Stunden brachten sie ihre Gebetsanliegen und Fürbitten vor Gott. Während der letzten Stunde ließen sie sich von der Gegenwart Gottes erfüllen. Dies waren die besten Zeiten. Alle

Gebetsanliegen, an die sie denken konnten, waren vor Gott gebracht. Nun konnte der Heilige Geist übernehmen. Töne dieser Herrlichkeit die der Heilige Geist aus dieser Zeit in mich gelegt hatte, verließen mich nie, als mich mein Dienst durch die Welt reisen ließ.

Ich war in tausenden von Treffen und hörte tausende von Predigten. Aber den größten Einfluß in meinem Leben hatten jene Töne der Herrlichkeit, die in den späten Stunden der Gebetsversammlungen hervorkamen, dann, wenn Gottes Volk den Raum der Ewigkeit berührt.

So wie die Luft die Atmosphäre der Erde ist, ist die Herrlichkeit des Herrn die Atmosphäre des Himmels. Es erhebt uns über das Irdische hinaus in die vollkommene Gegenwart Gottes.

Als ich dann später nach Jerusalem ging, um auf Mount Zion zu leben und anzubeten, zeigte mir der Herr die Entwicklung von Lobpreis, Anbetung und Herrlichkeit und die Beziehung der drei untereinander. Ich habe diese einfachen Wahrheiten mit vielen Menschen aus aller Welt geteilt. Wenn Sie die einfachen Prinzipien von Lobpreis, Anbetung und Herrlichkeit begreifen können - und sie sind oft so einfach, daß wir daran vorbeigehen - dann können Sie alles, was Sie wünschen, in Gott erhalten.

Es macht nichts, wenn Sie im Gebet allein sind und niemand mit Ihnen übereinstimmt. Es ist nicht wichtig, in welcher Phase der geistlichen Entwicklung Sie sich befinden.

*Gehen Sie hinein in den Raum der Herrlichkeit Gottes und alles wird möglich!*

*Die Erde ist des HERRN und was darinnen ist, der Erdkreis und die darauf wohnen. Denn ER hat ihn über den Meeren gegründet und über den Wassern bereitet.*

*Wer darf auf des HERRN Berg gehen und wer darf stehen an Seiner heiligen Stätte? Wer unschuldige Hände hat und reines Herzens ist, wer nicht bedacht ist auf Lug und Trug und nicht falsche Eide schwört; der wird den Segen vom HERRN empfangen und Gerechtigkeit von dem Gott seines Heils. Das ist das Geschlecht, das nach IHM fragt, das da sucht dein Antlitz, Gott Jakobs. Sela.*

*Machet die Tore weit und die Türen in der Welt hoch, daß der König der Ehre einziehe!*
*Wer ist der König der Ehre? Es ist der HERR, stark und mächtig, der HERR, mächtig im Streit.*

*Machet die Tore weit und die Türen in der Welt hoch, daß der König der Ehre einziehe!*
*Wer ist der König der Ehre? Es ist der HERR Zebaoth, ER ist der König der Ehre. Sela.*

Psalm 24:1-10

STEHE IM LOBPREIS ...
  bis der Geist
  der Anbetung kommt.


BETE AN ...
  solange bis die
  Herrlichkeit da ist.


UND DANN ...
  stehe in der
  Herrlichkeit

# LOBPREIS

# LOBPREIS –

# ALS EIN WERKZEUG

# DER ERNTE

## Wir preisen dich o Herr in Zion

*Wir preisen dich o Herr in Zion,*
*Wir preisen dich o Herr in Zion,*
*Wir preisen dich o Herr in Zion,*

*Dich preisen wir HERR.*

*"Zur selben Zeit will ich erhören, spricht der HERR, ich will den Himmel erhören, und der Himmel soll die Erde erhören und die Erde soll Korn, Wein und Öl erhören, und diese sollen Jesreel erhören. Und ich will ihn mir in das Land einsäen und mich erbarmen über Lo-Ruhama und ich will sagen zu Lo-Ammi: Du bist mein Volk, und er wird sagen: Du bist mein Gott."*

Hosea, 2:23-25

## LOBPREIS IST EIN MÄCHTIGES WERKZEUG DER ERNTE!

Wenn es etwas gibt, von dem wir pfingstliche Menschen meinen, daß wir es können, dann ist es, den HERRN zu loben und zu preisen. Wir sind uns anderer Unzulänglichkeiten bewußt, aber wenn wir zum Lobpreis kommen, fühlen wir uns irgendwie, als wären wir bereits auf der höchsten Stufe.

Als der HERR uns im Herbst 1972 nach Jerusalem brachte, um dort zu leben, sprach ER zu uns, was unseren Dienst an den Juden betraf: „Ihr wißt nichts. Aber, habt keine Angst, daß ihr nichts wißt. Ich werde euch durch meinen Geist lehren."

Es macht mir nichts aus, vom HERRN getadelt zu werden. Wenn Menschen uns tadeln, dann hinterläßt es ein ungutes Gefühl. Aber wenn der HERR uns ermahnt, dann antwortet ER auf unseren Mangel. Nachdem ER uns erklärte, was falsch ist, sagt ER „ich werde dir den Weg zeigen".

Wir waren erst ein paar Wochen in Jerusalem. Zusammen mit fünfundzwanzig jungen Menschen unserer Kirche in Ashland/Virginia, lobten wir den HERRN und beteten IHN an, viermal wöchentlich auf Mount Zion, in der Kirche St. Peter en Gallicantu (eine wunderschöne katholische Kirche, die über dem angeblichen Haus des Kaiphas (Hoherpriester z.Zt. Jesu) gebaut war). Während des Tages hatten wir für fünf Stunden täglich Hebräisch-Unterricht.

Eines Nachts sprach ein amerikanischer Missionar zu uns, der in Nigeria gedient hatte. Er betrachtete unsere Gruppe junger Menschen, sah ihre Energie und entschied, daß sie Broschüren austeilen sollten. Mit seiner Erfahrung konnte er sich vorstellen, wie wir die ganze Stadt Jerusalem in einer kurzen Zeit erreichen könnten und er kalkulierte, wieviel tausend Broschüren ausgeteilt werden könnten. „Ihr müßt die Saat säen", sagte er.

Alles, was der Bruder sagte, war biblisch richtig. Wir glaubten, daß das Wort Gottes gesät werden müsse und hatten große Evangeliums- und Bibelausteilungsprogramme in anderen Ländern. In Nepal hatten wir sogar Hubschrauber gemietet, die uns mit unseren Evangelien in entlegene Gebiete und über Grenzen brachten, wo wir mit Hilfe der königlichen Familie die Broschüren verteilen konnten. Aber in Jerusalem gab es bestimmte Einschränkungen. Wenn wir dort leben würden, mußten wir diese Gesetze beachten.

## LOBPREIS — ALS EIN WERKZEUG DER ERNTE

Was der Bruder sagte, war biblisch, aber es war nicht Gottes Antwort für Jerusalem in dieser Zeit. In jedem Land hat Gott einen Plan. Es gibt nicht notwendigerweise nur eine richtige Antwort, die überall stimmt, oder eine praktische Lösung, die jeder Situation gerecht wird.

Wie auch immer - als der Bruder sprach, konnte ich spüren, daß unsere jungen Leute herausgefordert waren. Ich konnte mir vorstellen, daß am nächsten Morgen fünfundzwanzig junge Menschen in einer Reihe standen und fragten „wo sind die Broschüren? Wir sind bereit, sie auszuteilen."

In dieser Nacht betete ich: „HERR, gib mir deine Antwort für sie." In der Mitte der Nacht sprach der HERR zu mir und sagte: „Ihr sät in den Himmel und ich werde auf die Erde säen. „Dieses war der Weg, auf dem unser Lobpreisdienst auf Mount Zion geboren wurde.

Ich hatte keine genaue Schriftstelle zur Hand, die belegen konnte, was Gott zu mir sagte. Und ich verstand noch nicht alles, was ER meinte, als ER sagte, „ihr sät in den Himmel und ich werde auf die Erde säen". Aber ich entschied mich, mehr darüber zu lernen.

Nacht für Nacht versammelten wir uns, den HERRN zu loben und zu preisen. ER sprach zu uns und sagte: „Ihr seid erst am Anfang, mich zu preisen. Ich werde euch durch meinen Geist lehren, wie ihr mich preisen sollt." - Ich lerne immer noch.

Als wir IHN eine Zeit gepriesen hatten, erhielten wir ein prophetisches Wort, in welchem uns der HERR mitteilte: „Euer Lobpreis erfreut mich. Mein Herz ist freudig erregt. Es gefällt mir. Aber ich möchte, daß ihr mich mehr preist." Wir lernten schnell, daß Lobpreis den HERRN so sehr erfreut, daß ER immer mehr möchte.

Es gibt eine verbreitete Lehrmeinung, daß „Lobpreis für den unreifen Gläubigen sei, aber Fürbitte für die wirklich erwachsenen Gläubigen". Aber das ist sehr weit von der Wahrheit entfernt.

Im Buch der Offenbarung, eines der größten Lobpreisbücher der Bibel (in Wirklichkeit das Lobpreis- und Anbetungsbuch des Himmels), lesen wir:

*„Und eine Stimme ging aus von dem Thron: Lobt unsern Gott, alle seine Knechte und die ihn fürchten, klein und groß! und ich hörte etwas wie eine Stimme starker Donner, die sprachen: Hallelujah! denn der HERR, unser Gott, der Allmächtige, hat das Reich eingenommen!"*

Offenbarung 19:5-6

Wer sind diese „*Knechte*", die erst spät im Zeitplan Gottes, nämlich im neunzehnten Kapitel der Offenbarung aufgerufen wurden, Gott zu preisen? Es sind „*alle seine Knechte*". Wenn Lobpreis „unreif" wäre, wären wir vor der Ewigkeit bereits darüber hinausgewachsen.

Die Menschen, die in diesem Kapitel aufgerufen sind, IHN zu preisen, sind beschrieben als „*die IHN fürchten*" und letztlich auch „*klein und groß*". Wir alle müssen den HERRN preisen. Dies ist eine Sphäre, in der wir alle gleich sind. ER ruft beide, die „*Kleinen*"

## LOBPREIS — ALS EIN WERKZEUG DER ERNTE

und die „*Großen*" auf, IHN zu preisen. Wir sind alle eins, in dem Bereich des Lobpreises.

Als Antwort auf Gottes Ruf, beschrieb Johannes das was er hörte als „*eine Stimme einer großen Schar*". Das größte Werkzeug des Lobpreises, das Gott uns gegeben hat, ist die Stimme. Wir müssen lernen, sie zu Gott emporzuheben.

Wir entdeckten, daß Lobpreis nicht nur unseren HERRN erfreute und ER mehr davon möchte, sondern ER wollte ihn auch lauter. ER drängte uns nicht nur, den „*HERRN zu preisen*". ER sagte uns, daß wir IHN preisen sollten „*mit Dankbarkeit*" (Psalm 26:7), „*mit Jauchzen*" (Psalm 47:2), „*mit Harfen und Saitenspiel*" (Psalm 98:5) und „*mit Freuden*" (Psalm 118:15).

Die Stimme, die Johannes hörte, war die „*Stimme einer großen Schar*", „*die Stimme großer Wasser*" und die „*Stimme starker Donner*". Unser Lobpreis erhebt sich, bis er wie der Donner der Niagara- oder Livingston Wasserfälle wird. So groß ist das Brausen der Töne, wenn sich die Stimmen treffen. Es geht soweit, bis sie „*wie mächtige Donner*" sind.

Die Stimmen, die Johannes hörte, sagten: „*Hallelujah! Denn der HERR, unser Gott, der Allmächtige, hat das Reich eingenommen!*"

Eine Stimme des Lobpreises ist immer eine Stimme des Sieges. Dies ist auch der Grund, warum der Feind so sehr gegen Lobpreis ankämpft. Du kannst nicht sehr lange im Lobpreis stehen, ohne daß du in den Sieg hineinkommst. Manchmal kannst du um Dinge beten und destomehr du ein Problem aussprichst und dafür betest, destomehr beginnt der Glaube zu wanken. Zuerst siehst du das Problem so wie es ist. Dann wird es sogar größer, als es wirklich ist. Und letztlich wird es erdrückend. Aber wenn du im Lobpreis stehst, wirst du immer in den Sieg hineingehen. Denn der Lobpreis führt dich in den Sieg hinein. *„Gehet zu seinen Toren ein mit Danken, zu seinen Vorhöfen mit Loben: danket ihm, lobet seinen Namen!"* (Psalm 100:4)

Lobpreis ist nicht das Ende. Es ist der Anfang. Es ist das Eintreten. Viele pfingstliche und charismatische Menschen haben gelernt, durch Lobpreis hineinzugehen, aber sie wissen nicht, wie sie weitergehen sollen in die Anbetung und in die „Glory", in Seine Herrlichkeit. Lobpreis ist das Eintreten in Seine Gegenwart. Wir gehen hinein - durch die Tore des Lobpreises.

Als Sylvester (letzter Abend des alten Jahres) kam, hatten wir den HERRN für sechs Wochen auf Mount Zion gepriesen, ständig genötigt vom HERRN, mehr und tiefer in den Lobpreis hineinzugehen. Wir priesen den HERRN nicht nur mit unseren Lippen, sondern auch mit Klatschen und dem Hochheben unserer Hände und mit Tanzen, allen wundervollen und biblischen Formen von Lobpreis.

An Sylvester sprach der HERR zu uns und sagte: „Gerade jetzt, während ihr mich preist, gieße ich meinen Geist aus auf einen anderen Stadtteil dieser Stadt". Wir waren so aufgeregt. Wir konnten es kaum erwarten, zu sehen, was Gott in einem anderen Stadtteil dieser Stadt getan hatte.

Am nächsten Tag erfuhren wir, daß eine Gruppe von fünfundzwanzig jungen, arabischen Baptisten zu einem gemeinsamen Abend versammelt war, als

## LOBPREIS — ALS EIN WERKZEUG DER ERNTE

plötzlich der Heilige Geist über sie ausgegossen wurde und sie in anderen Zungen zu sprechen begannen. Fünfundzwanzig junge Menschen zu dieser Zeit in Jerusalem war im Verhältnis das Gleiche wie zweitausendfünfhundert in den Vereinigten Staaten.

Wie aufgeregt wir waren! Wir lernten jetzt, wie der Prophet Micha sagte, auf Gottes Wegen zu gehen.

*„Und viele Heiden werden hingehen und sagen: Kommt, laßt uns hinauf zum Berge des HERRN gehen und zum Hause des Gottes Jakobs, daß er uns lehre seine Wege und wir in seinen Pfaden wandeln! Denn von Zion wird Weisung ausgehen und des HERRN Wort von Jerusalem."*
Micha 4:2

Gott hatte versprochen, uns zu lehren und ER tat es. Die Kirche hat zu lange versucht, für Gottes Arbeit Reklame zu machen. Wir versuchten zu lange, Gottes Arbeit mit menschlichen Methoden zu tun. Wir versuchten Gottes Arbeit mit unserem eigenen Verständnis zu tun. Aber dann, wenn wir Gottes Arbeit auf SEINEM Weg tun werden, werden wir auch SEINE Ergebnisse erzielen.

Wir hatten noch so viel zu lernen. Wir waren nicht annähernd so frei wie heute. Gott hatte mit uns eine Zeit gearbeitet. Aber wenn wir einmal herausfinden, daß etwas funktioniert, dann versuchen wir es immer wieder. Jetzt kamen wir mit größerer Erwartung und priesen den HERRN mit noch größerer Hingabe. Einige Wochen später sprach der HERR eines Nachts und sagte: „Während ihr mich gepriesen habt, habe ich meinen Heiligen Geist in Gaza ausgegoßen." Und wir hörten von einer Ausgießung des Heiligen Geistes in Gaza.

Einige Wochen gingen vorbei. Gott sprach zu uns über eine Ausgießung Seines Heiligen Geistes in Galiläa. Danach hörten wir von einer Ausgießung des Heiligen Geistes in Galiläa. Kurze Zeit später sprach der HERR zu uns und sprach: „Ich werde meinen Leuten, den Juden begegnen und werde mich ihnen offenbaren, dort wo sie sind - in den Kibbutzim, in den Feldern und in den Fabriken." Jüdische Menschen kamen zu uns und beteten mit uns an und erzählten uns, daß sie eine persönliche Offenbarung von JESUS bekommen hatten.

Wir lernten, daß wir den HERRN in Jerusalem preisen können und damit in den Himmel säen und daß Gott dann unseren Lobpreis nehmen würde und ihn wieder zurück zur Erde säen würde - in Jerusalem, Gaza und Galiläa - in ganz Israel. Später erkannten wir dann, daß der Lobpreis die Ernte auf der ganzen Welt reifen läßt. Lobpreis ist eine der stärksten Waffen der Ernte im Königreich Gottes.

Vor einigen Jahren gab es überall Anstecker, die die Aufschrift trugen „Lobsinget dem HERRN - irgendwie!" Damit war gemeint „Lobsinget dem HERRN, egal ob du dich danach fühlst oder nicht. Wenn du abgehetzt von der Arbeit kommst und einen ganz schlechten Tag hattest, dann nimm dich zusammen und fange an, Gott zu preisen - irgendwie." Wenn ich dies jemanden sagen hörte, war mein Geist beunruhigt.

## LOBPREIS — ALS EIN WERKZEUG DER ERNTE 13

Ich fragte den HERRN, welcher Gedanke mich so beunruhigte. ER zeigte mir im alten Testament, daß jedes Opfer für Gott perfekt sein mußte, ohne jeden Makel. Wir wurden gelehrt, daß wir jeden alten Lobpreis vor Gott bringen können und er würde akzeptiert werden.

Ich sagte: „Aber HERR, es ist wahr. Es gibt Zeiten, in denen wir uns nicht wohlfühlen, wenn wir zum Hause Gottes kommen. Wir fühlen uns nicht immer so, daß wir dich anbeten können. Es gibt ein Fünkchen Wahrheit in dieser Lehre. Bitte zeige mir doch darauf die Antwort.

Wir haben alle die Verse gelernt, die das Lobpreisopfer betreffen:

> *„So laßt uns nun durch ihn Gott allezeit das Lobopfer darbringen, das ist die Frucht der Lippen, die seinen Namen bekennen."*
> Hebräerbrief 13:15

Dies meint ganz bestimmt ein Lobpreisopfer. Aber viele, die diese Verse benützen, tun so, als ob das Wort *„Lobopfer"* im alttestamentlichen Denken nie existiert hat. Die Juden hatten viele Fehler, aber sie beklagten sich nie, wenn sie Gott opfern sollten. Ein „Opfer" wurde für uns zu etwas, was schwer zu tun ist, etwas, für was wir sicher einen Preis zahlen müssen. Wenn Menschen also sagen: „Laßt uns ein Lobpreisopfer darbringen" - meinen sie damit „ob wir uns so fühlen oder nicht."

Eines Tages las ich in Jesaja:

*„Will ich Frucht der Lippen schaffen ......"*
Jesaja 57:19

Plötzlich dämmerte es mir, daß, wenn wir das „Opfer" darbringen und das Opfer „die Frucht (unserer) Lippen" ist und diese Frucht wiederum von Gott geschaffen ist, so kostet es uns keine große Anstrengung. Wenn wir zum Hause des HERRN gehen, können wir sagen: „HERR, schaffe in mir Lobpreis." Und dann, ganz plötzlich, spüren wir ein leichtes, sprudelndes Fließen aus der Tiefe unseres Seins hervorkommen und wir lassen ein „Hallelujah", ein „Amen", ein „Preis dem HERRN" oder andere Worte des Lobpreises aus uns hervorkommen. Wir sehen uns den HERRN preisen, wie wir es noch niemals zuvor getan hatten.

Einmal sah ich eine Frau vor dem HERRN im Lobpreis stehen, mit einem Stückchen Papier in ihrer Hand. Sie sah während der Anbetung immer wieder darauf. Ich fragte sie: „Was hast du da?"

Sie antwortete mir: „Dies ist mein Lobpreis-Wortschatz". Ich machte mir keine Gedanken darüber. Denn ich wußte, sie war sehr aufrichtig. Und sie wollte Gott einen schönen Lobpreis darbringen. Wir sollten uns keine Sorgen um einen „Lobpreis-Wortschatz" machen. Ein geschaffener Lobpreis aus dem innersten Sein heraus gesungen, ist, auch wenn es nur ein „Amen" ist, größer, als der gewaltigste Lobpreis, der nur von den Lippen kommt. An einem bestimmten Punkt wiederholte ich immer „Amen! Amen! Amen! Amen!". Der Heilige Geist lehrte mich, daß ER das

**LOBPREIS — ALS EIN WERKZEUG DER ERNTE**

Amen ist in meinem Leben, das letzte Wort, das SO IST ES, das EINE, das zieht, das EINE, das bewirkt, daß es zum Leben kommt. Ich hatte diese Dinge nicht in einem Buch gelesen, aber der Heilige Geist begann, diese Wahrheiten in mich zu pflanzen.

Wenn du niemals mehr sagst, als ein „Hallelujah", dieses „Hallelujah" aber wirklich geschaffen ist, dann ist ein „Hallelujah" genug. Ich sage den Menschen immer, daß das „Hallelujah", das ich eben gesagt habe, nicht das Gleiche ist, welches ich als kleines Mädchen gelernt habe. Es ist auch nicht das „Hallelujah", das ich dem HERRN letzte Woche in Jerusalem gebracht habe. Dieses „Hallelujah" ist vollkommen neu. Es ist genauso übernatürlich, wie wenn ich meinen Mund öffne und beginne, in Zungen zu sprechen. Es ist geschaffen.

Jedes einzelne dieser „Hallelujahs" hat eine tiefe Bedeutung. Wenn du zu deinem Mann sagst „Ich liebe dich", so haben diese drei Worte eine sichere, grundsätzliche Bedeutung, aber sie haben ebenso auch eine tiefere Offenbarung. Das eine Mal sagst du es in diesem Bezug, das andere Mal in einem anderen Bezug. Die Wörter sind nicht unbeweglich. Sie sind flüssig. Sie haben in sich selbst Leben. Und es sind lebendige Worte, die dann Leben hervorbringen.

Und dies geschah, während ich den HERRN pries. Das „Hallelujah" ist nicht unbeweglich. Es ist ein „Hallelujah", das zusammenfließt mit Leben, mit Lobpreis für den lebenden HERRN.

Ich spreche in Zungen, seitdem ich neun Jahre alt bin. Ich verstehe kein Wort von dem, was ich in Zungen spreche, keine einzige Redewendung. Bei

Gelegenheit gab mir Gott Namen von Menschen oder Orten in Zungen. Ich erinnere mich daran. An etwas anderes erinnere ich mich nicht. In Zungen zu sprechen kommt nicht über den Verstand oder über das Gefühl. Es kommt durch den Geist. Und so ist es auch mit dem geschaffenen Lobpreis, der aus mir kommt.

Ich denke nicht: „Ich möchte den HERRN preisen." Ich komme in Seine Gegenwart, öffne meinen Geist dem HERRN gegenüber und automatisch beginnt mein Mund Seinen Lobpreis zu proklamieren, so sehr wie der Geist Gottes durch mich fließt. Ich finde mich im Lobpreis und durch diesen Dienst des Lobpreises lerne ich IHN mehr und mehr kennen, auf Arten, wie ich IHN vorher noch nicht kannte.

Und dies meint Gott, wenn ER von einem *„Lobpreisopfer"* spricht. Es ist kein schmerzliches Opfer. Dieses Opfer ist angenehm und erfreulich, für den HERRN und auch für mich. Ich befinde mich in der Gegenwart des Herrn nicht sprachlos, sondern überfließend und sprudelnd, nicht fähig, mich zurückzuhalten.

Die Wörter fließen ganz leicht: „Du bist so wunderbar, Jesus. Wie schön du bist. Du erfreust mich, Jesus. Du bist so lieblich, mein Geliebter, so schön."

Wir müssen die Psalmen lesen und diesen Wortschatz in unsere Seelen aufnehmen und ihr Wesen begreifen. Wir müssen auch das Hohelied Salomos lesen und unsere Zungen dem HERRN übergeben, damit ER einwirken kann, daß unsere Zungen sein werden, wie die Schrift sagt (Ps. 45:2): *„Meine Zunge ist ein Griffel eines guten Schreibers"*, das heißt, ein Griffel, der anfängt zu schreiben und den Lobpreis des

## LOBPREIS — ALS EIN WERKZEUG DER ERNTE

HERRN verkündet. Der HERR möchte, daß wir das Fliessen Seines Geistes in uns haben, so daß wir nicht sprachlos vor IHM stehen.

Wie oft möchten wir Seine Stimme hören. Aber im Hohenlied sagt der Bräutigam zu der Braut: „Ich möchte dein Gesicht sehen. Ich möchte deine Stimme hören." Gott hat uns eine Stimme gegeben, die wir im Lobpreis zu IHM emporheben können. Und wenn wir IHM sonst nichts geben können, wir haben diese wunderbare Stimme.

Ich hatte einmal einen Autounfall. Ich habe ein kleines Grübchen am Kinn, das mich daran erinnert. Mein Kiefer schmerzte mich so sehr, daß ich für ein paar Tage nicht sprechen konnte. Ich hörte die Menschen sagen: „Es ist das Gleiche. Ich kann Gott auch mit meinem Herzen preisen." Ich habe herausgefunden, daß es nicht das Gleiche ist. Bis zu diesem Zeitpunkt konnte ich es nicht widerlegen, ob es gleich war oder nicht. Aber dann, als ich die Erfahrung gemacht hatte, was es bedeutet, den HERRN nicht laut preisen zu können, dann wußte ich plötzlich, daß es nicht das Gleiche war.

Es gibt eine Freiheit, die dann kommt, wenn wir den HERRN mit verständlichen Worten preisen. Es setzt den Fluß Gottes in uns frei, daß wir, sobald wir unseren Mund öffnen, anfangen können, die Güte des HERRN im Lande der Lebendigen zu verkündigen, die Wunder des HERRN und Seine heilende Kraft zu verkündigen, ebenso wie wir Seinen Sieg und Seine Frische deklarieren, indem wir unsere Stimme als Trompete benützen, die die Segnungen des HERRN verkündet.

Je mehr du die Segnungen des HERRN deklarierst, desto mehr hast du zu verkündigen. Je mehr du über Seine Güte sprichst, desto mehr hast du auch zu sprechen.

*„Ich will singen von der Gnade meines HERRN ewiglich und seine Treue verkünden mit meinem Munde für und für."* Psalm 89:2

Ich werde diese Dinge bekannt machen. Ich gehe und benütze diese Stimme für das Königreich Gottes. Ich werde meine Stimme benützen für die Herrlichkeit Gottes, und um IHN zu preisen.

*„Wohl denen, die in deinem Hause wohnen; die loben dich immerdar. Sela."* Psalm 84:5

Wir werden nicht müde werden, IHN zu preisen. Wir werden *„IHN immer preisen."* Ich möchte immer in der Situation gefunden werden *„den HERRN preisend"*. Ich möchte zu den Sängern des Lobpreises gezählt werden. Ich möchte nicht unter den Kritikern und Murrenden gefunden werden.

Eines Tages, als unsere Leute in Ägypten waren, kam Schwester Susan mit einer wunderbaren Offenbarung zurück. Sie sagte: „Ruth, ich wußte ganz plötzlich, daß der Geist des Murrens der Geist Ägyptens ist." Es gibt diesen Geist dort bis zum heutigen Tage. Gott möchte nicht, daß wir diesen Geist Ägyptens in irgendeiner Weise auf uns liegen haben. ER möchte uns wie die himmlischen Heerscharen. Sie preisen IHN. Und wir haben noch mehr Grund, IHN zu preisen. Wir wurden

## LOBPREIS — ALS EIN WERKZEUG DER ERNTE

durch das kostbare Blut des Lammes erlöst. Jetzt stehen sie immer in Seiner Gegenwart und hören niemals auf IHN zu preisen - sie preisen IHN Tag und Nacht.

Viele geistlich noch junge Menschen, finden die Verse schwer verständlich, die von einem ununterbrochenen Gebet sprechen. In der Mitte vieler unserer Aktivitäten gibt es Zeiten, wo wir ganz bewußt Gott preisen und anbeten. Aber wenn du einmal in den Lobpreis und die Anbetung hineingegangen bist, während du gearbeitet hast, dann kommt ein unbewußter Fluß des Lobpreises, der direkt zum HERRN aufsteigt. Sogar wenn du schläfst, gibt es diesen unbewußten Lobpreis und die Anbetung. Manchmal wird es passieren, daß du dich im Bett umdrehst und du sprichst in anderen Zungen. Das ist nicht, weil du so geistig bist. Dazu braucht es keine Bemühungen.

Genauso unwillkürlich wie Atmen, gibt es den Raum *„immer Gott preisend"*. Du kennst die Treue des Heiligen Geistes, der dann, wenn ER in dir ist, auch in den Momenten Gott preist, wenn du ängstlich bist. Auf der einen Stufe warst du besorgt über die nächste Situation. Aber wenn du dir ganz plötzlich bewußt wirst, dann erkennst du, während du auf dieser Stufe standest und ängstlich nachgegrübelt hast, was nun die Lösung deines Problems ist, daß auf einer anderen Ebene der Heilige Geist bereits begonnen hatte, ein Lied durch dich zu singen. Du hast also die ganze Zeit gesungen und wußtest nicht einmal, daß du gesungen hast.

Und wenn du dich dann plötzlich singen hörst, erkennst du, daß der Heilige Geist Gott lobte, daß der Heilige Geist Vertrauen hatte und daß ER nicht besorgt war. Der Heilige Geist in dir hatte Frieden. Diese Stufe des Lobpreises im HERRN hatte die vollkommene Kontrolle. Du mußt nur den natürlichen Menschen gehen lassen und dem Heiligen Geist in dir vollkommen die Kontrolle überlassen.

*„O Jerusalem, ich habe Wächter über deine Mauern bestellt, die den ganzen Tag und die ganze Nacht nicht mehr schweigen sollen, die ihr den HERRN erinnern sollt, ohne euch Ruhe zu gönnen."* Jesaja 62:6

Ich mag dies. Siehst du den Widerspruch in diesen Versen? Auf der einen Seite spürst du die Kraft: *„Gönnt euch keine Ruhe!"* Halte dies fest. Tu es immer. Auf der anderen Seite gibt es diese Leichtigkeit: *„Die ihr den HERRN erinnern sollt".*

Wir kennen diesen Ausdruck, daß wir „den Himmel bombardieren sollten". Gott sagt, *„die ihr den HERRN erinnern sollt, ohne euch Ruhe zu gönnen".*

Es ist so eine sanfte Helligkeit darin. Es ist das Lied des HERRN, dieser Lobpreis des HERRN, der keine harte Gebetsarbeit ist.

Wir machen das Gebet so schwer, daß wir geistliche „Supermenschen" sein müßten. Aber das ist nicht nötig. Erwähne einfach nur den Namen des HERRN. Sage einfach: „Jesus, du bist so wunderbar. Gesegnet ist der Name des HERRN." Singe ganz einfach weiter. Preise IHN immer.

## LOBPREIS — ALS EIN WERKZEUG DER ERNTE 21

Und dann wachst du in der Nacht auf und du kannst IHM ein Lied singen, anstatt daß du betrübt oder in sonst einer Not bist.

*„Laßt ihm keine Ruhe, bis er Jerusalem wieder aufrichte und es setze zum Lobpreis auf Erden!"*
Jesaja 62:7

Gott hat Jerusalem erwählt und ER wünscht sich nichts mehr, als daß „Jerusalem zum Lobpreis auf Erden" wird. Und das wünscht sich der HERR von dir und mir. Manchmal haben wir sehr viele eigene Wünsche. Aber wenn wir ganz einfach nur eine Säule oder ein Turm des Lobpreises sein möchten, ein Lobpreis auf Erden, in der Mitte von Gottes Volk, dann wird Gott uns aufrichten. Einige Zeit, nachdem wir begonnen hatten, in den Himmel zu säen, erklärte uns jemand die Wahrheit von Hosea 2:23-25:

*„Zur selben Zeit will ich erhören, spricht der HERR, ich will den Himmel erhören, und der Himmel soll die Erde erhören, und die Erde soll Korn, Wein und Öl erhören und diese sollen Jesreel erhören. Und ich will ihn mir in das Land einsäen und mich erbarmen über Lo-Ruhama und ich will sagen zu Lo-Ammi „Du bist mein Volk", und er wird sagen: „Du bist mein Gott".*

Das Wort „Jesreel" meint, daß „Gott sät". Der HERR, der im Himmel sitzt, hört, was wir in den Himmel säen. ER sagt: *„Ich werde den Himmel erhören und der Himmel* *soll die Erde erhören"*. Als Antwort darauf, wenn wir in den Himmel säen, dann sät Gott auf die Erde. ER ist nicht nur der „HERR der Ernte", sondern ER ist auch der Sämann. Wir haben niemals eine Schwierigkeit, den HERRN als den „HERRN der Ernte" zu erkennen. ER ist der oberste und einzige „HERR der Ernte". Und dies wissen wir. Was wir nicht wissen, ist, daß ER ebenso der oberste Sämann ist. Wir dachten immer, daß wir allein gesät hätten. Nein, ER ist der HERR der Saat! Wenn ich stehe und IHM lobsinge, dann säe ich in den Himmel. Als Antwort darauf erhält *„die Erde Korn, Wein und Öl"*, alles Symbole für die Erweckung.

Manche Menschen finden es schwer zu glauben, daß, wenn sie in ihren Häusern vor Gott im Lobpreis stehen auf diesem Wege ihren Teil dazutun, daß Erweckung in ihre Gemeinschaft kommt. Aber wenn du den Lobpreis säst, dann betrifft es nicht nur deine eigene Gemeinde. Du kannst an einem Platz stehen und dem HERRN dienen und dies kann eine Erweckung auf der ganzen Welt bedeuten. Darum - säe in den Himmel!

Wenn wir nicht aufpassen, so lernen wir Dinge später „besser", die wir als junge Christen schon gelernt hatten. Oder wir meinen, daß wir sie dann „besser" lernen. Wir verlassen die einfachen Wahrheiten für eine scheinbar „tiefere" Wahrheit. Und dann muß Gott uns wieder wachrütteln und uns daran erinnern, daß ER immer noch die Einfachheit wünscht, die ER uns bereits gelehrt hatte.

Vor einigen Jahren war ich auf dem Weg nach Australien. Ich buchte einen besonderen Flug mit der

## LOBPREIS — ALS EIN WERKZEUG DER ERNTE

Cathay Pacific-Linie, ein Flug, der von London aus über Hong Kong gehen würde. Diese Fluggesellschaft flog jahrelang nach Sydney und Melbourne. Auf meinem Weg nach London jedoch fand ich einen Prospekt auf meinem Sitz und war erstaunt, daß diese Fluggesellschaft nicht über Hong Kong nach Perth fliegen würde. Wenn ich also direkt nach Perth fliegen würde, so hätte ich fünfhundert Dollar sparen können. Aber würden sie mein Ticket umschreiben? Normalerweise weigern sich die Fluggesellschaften, die Tickets umzuschreiben, die zu ermäßigten Preisen gebucht worden waren.

Schwester Alice Ford wartete auf mich in Hong Kong auf dem Flughafen. Sie fragte mich: „Wieviel Zeit hast du?"

„Wenn ich nach Sydney fliege, dann habe ich vier oder fünf Stunden Zeit. Aber wenn ich nach Perth fliege, dann kann ich die Nacht hier verbringen. Warte einen Moment, ich möchte nur herausfinden, was möglich ist."

Die Angestellte der Fluggesellschaft sagte: „Wir ändern gerne Ihr Ticket, daß Sie direkt nach Perth fliegen können."

Niemand in Perth wußte, daß ich kommen würde, aber als ich dort eintraf, fragte mich Pastor Don Rogers ganz erfreut: „Könntest du uns für drei Nächte unterrichten, wie wir mit Lobpreis, Anbetung und der Herrlichkeit des HERRN am Besten umgehen sollen?" Und ich war so glücklich, dies zu tun.

Ich zählte die Erfahrungen von Jerusalem auf und lehrte sie, was ich nun auf diesen Gebieten tue. Nach ein oder zwei Tagen sagte der Pastor zu mir: „Schwester Ruth, wenn ich dich richtig verstehe, haben wir vor allen Dingen eines jetzt gelernt: Der Weg, den wir vor drei Jahren gingen, als diese Kirche gegründet wurde, war der richtige Weg. Damals hatte uns der Heilige Geist geleitet. Aber in den letzten zwei Jahren haben wir es „besser" gelernt. Jetzt hat Gott dich zu uns geschickt, daß wir erkennen können, daß die Einfachheit am Anfang wirklich vom Heiligen Geist war. Wir müssen jetzt nur wieder zum Anfang zurückgehen, daß wir wieder in den Fluß kommen, in den uns der Geist des HERRN geführt hatte".

Du wirst im HERRN niemals so sehr wachsen, daß du den Lobpreis beiseite legen kannst. NIEMALS! Wenn du jemanden sagen hörst, Lobpreis sei oberflächlich, dann mußt du wissen, daß diese Menschen eine tiefere Offenbarung im Lobpreis brauchen.

Der HERR führte uns in größere Räume, größere Aufgaben, größere Möglichkeiten und größere Fähigkeiten. ER lehrt uns, wie wir uns mehr hingeben. ER lehrt uns, wie unser Glaube durch den Lobpreis größer wird, wie wir mit unserem Glauben im Bereich des Lobpreises umzugehen haben. (Es ist genauso, wie wenn wir für Kranke beten und für die Nöte Einzelner - wir betreten neue Gebiete des Lobpreises). Aber wir werden IHN immer preisen - für alle Ewigkeiten. Niemals werden wir über den Lobpreis hinauswachsen. Lobpreis ist ebenso ewig, wie Gott ewiglich ist und auch wir die Ewigkeit in uns tragen.

## LOBPREIS — ALS EIN WERKZEUG DER ERNTE

Wir können IHN preisen in *„verständlichen Sprachen"*, in Deutsch, Englisch und Französisch. Beim Campmeeting haben wir manchmal dreißig verschiedene Sprachen vertreten. In Jerusalem haben wir Menschen von etwa hundert Nationen, die jährlich kommen, um mit uns Gott zu loben und IHN anzubeten. Wie wunderbar ist es doch, wenn wir alle Gott in unserer natürlichen Sprache anbeten können. Und dann preisen wir IHN in den schönen Sprachen, die der Geist hervorbringt.

Daniel sah voraus, daß viele Menschen aus vielen verschiedenen Sprachen Gott dienen würden (Daniel 7:14). Sie dienen IHM, so wie wir die Worte von Lobpreis und Anbetung aussprechen und SEINEN Namen erhöhen.

Manche Menschen haben gewisse Schwierigkeiten, Gott im Tanz zu preisen. Ich verstehe dies. Ich war eine derjenigen, die zwar geglaubt haben, daß Tanzen biblisch war, aber ich war sehr glücklich, wenn es jemand für mich getan hat. In dieser Zeit, in den sechziger Jahren, gab es nur ein paar Menschen, die in unserer Kirche tanzten. Es war meine Mutter und noch zwei oder drei Gläubige. Tanzen war noch nicht so weit verbreitet, wie es heute ist. Ich war nie erreichbar, wenn der Geist der Freude unter uns war.

Eines dieser Dinge, die wir in der Kirchenarbeit lernen, ist immer beschäftigt sein mit „Heiligen Aktivitäten" und „Heiligen Geschäften". Ich war immer am Klavier oder an der Orgel. Ich war immer unabkömmlich. Und dann, eines Tages im Juli 1965, sprach der HERR zu mir über jene Zeit, als König David nach

Jerusalem zurückkehrte und vor dem HERRN tanzte. Als er zurück in die Stadt kam, brachte er die Bundeslade mit sich und er tanzte vor ihr, auf dem gesamten Weg.

> *„Und es wurde dem König David angesagt, daß der HERR das Haus Obed-Edoms segnete und alles, was er hatte, um der Lade Gottes willen. Da ging er hin und holte die Lade Gottes aus dem Hause Obed-Edoms herauf in die Stadt Davids mit Freuden. Und als die Träger mit der Lade des HERRN sechs Schritte gegangen waren, opferte man einen Stier und ein fettes Kalb. Und David tanzte mit aller Macht vor dem HERRN her und war umgürtet mit einem leinenen Priesterschurz. Und David mit dem ganzen Hause Israel führte die Lade des HERRN herauf mit Jauchzen und Posaunenschall. Und als die Lade des HERRN in die Stadt kam, guckte Michal, die Tochter Sauls, durchs Fenster und sah den König David springen und tanzen vor dem HERRN und verachtete ihn in ihrem Herzen."*  2. Samuel 6:12-16

Der HERR zeigte mir, daß, wenn wir das Allerheiligste zu uns holen möchten, dann müssen wir auch Tanzen.

Nachdem David die Bundeslade erfolgreich zurückgebracht hatte, belohnte er alle Männer und Frauen, die ihm geholfen hatten mit einem Stück Fleisch, einem Brotkuchen und einem Rosinenkuchen (2. Samuel 6:19). Dadurch wurde er die einzige Person, die nach

## LOBPREIS — ALS EIN WERKZEUG DER ERNTE

der Aussage der Heiligen Schrift einer ganzen Nation zu Essen gab.

Jesus gab einmal viertausend Menschen Brot und bei einer anderen Gelegenheit fünftausend Menschen Brot. Es gibt andere wunderbare Erfahrungen aus der Schrift, wo andere Menschen ernährt wurden. Aber niemand, außer David, gab einer ganzen Nation zu Essen. Und er tat es, nachdem er tanzend nach Jerusalem zurückgekehrt war. Niemand sonst gab einen dreifachen Anteil, außer David (dreifache Portion = Fleisch, Brotkuchen und Rosinenkuchen).

Der HERR sprach zu mir: „Wenn du einer ganzen Nation Essen geben möchtest und einen dreifachen Anteil haben möchtest, dann mußt du tanzen." ER sagte mir nicht, daß ich tanzen sollte, um gerettet werden. ER sagte nicht, ich sollte tanzen, um in den Himmel zu kommen. ER sagte auch nicht, daß ich tanzen solle, um einen Anteil am Geschehen in der lokalen Kirche zu haben. ER ließ mich wissen, daß Tanzen die Salbung bringt, die nötig ist, daß eine gesamte Nation unter die Ausgießung des Heiligen Geistes fällt. Wenn ich also einer gesamten Nation einen dreifachen Anteil geben wollte, so mußte ich anfangen zu Tanzen.

Ich war bereits in den Nationen gewesen. In Hong Kong diente ich dem HERRN von 1958 bis 1962. Außerdem hatte ich in Japan, Taiwan und Indien gepredigt. In Indien hatte ich bereits zu großen Menschenmengen gepredigt. Ich war bereits gesegnet worden. Ich hatte bereits Erweckungen gesehen, wo immer ich auch war. Und nun sprach Gott zu mir über eine größere Dimension des Dienstes, einen noch weiteren und größeren Bereich im Dienst für den HERRN.

Ich liebe die Herausforderungen des HERRN! Wir müssen durch die Herausforderungen des Heiligen Geistes leben. Irgend etwas in unserem natürlichen Wesen läßt uns in unserem Innersten rebellieren, wenn andere Menschen uns einen Vorschlag machen. Aber wenn der HERR zu uns spricht, sollten wir besser zuhören. Wir sollten aber auch lernen, den Dienern des HERRN gegenüber anders zu reagieren. Denn letztlich ist der Diener Gottes auch die Stimme Gottes, die zu uns in vielen Situationen spricht.

Dies war ein hartes Wort für mich. Ich hatte tatsächlich mit dem Tanzen mehr Schwierigkeiten, als wie ich damals im Alter von fünfzehn Jahren vom HERRN zu dem chinesischen Volk gerufen wurde. Es war im Verhältnis leicht für mich, mein zu Hause und meine Familie zu verlassen und nach Hong Kong zu gehen (im Alter von 18 Jahren), als das zu tun, was der HERR jetzt von mir erwartete.

Der HERR hielt mir immer wieder vor Augen: „Wenn du einer Nation zu Essen geben möchtest, dann mußt du tanzen." Er sprach zu mir zu Beginn des Campmeetings in diesem Jahr. Ich entschied mich, daß ich jeden Tag während des gesamten Meetings, etwas tanzen würde. Campmeeting dauerte damals etwa einen Monat. Jetzt dauert es etwa 10 1/2 Wochen. Am ersten Tag war ich so befangen, so sicher, daß mich jeder beobachten würde und jeder auf mich sehen würde. Bei unserem Campmeeting jedoch ist jeder so sehr mit der Gegenwart Gottes beschäftigt, daß

## LOBPREIS — ALS EIN WERKZEUG DER ERNTE

man nicht mehr registriert, was andere tun. Wenn die Kraft Gottes spürbar wird und die Salbung das Fließen beginnt, dann denkst du vielleicht, daß jeder dich ansieht. Aber du gehst so leicht in dieser Menge unter, selbst wenn es keine Menge ist. Es gibt eine Wolke von Engeln und eine Wolke der Salbung. Und viele Dinge geschehen um dich herum.

Ich glaube nicht, daß ich an diesem ersten Tag mehr tat, als die Zehenspitzen in meinen Schuhen zu bewegen. Ich verstehe die Probleme, die andere Menschen mit dem Tanzen haben. Wenn ich Menschen unterweise, so sage ich ihnen: „Und wenn du nur dein Gewicht von einem Fuß auf den anderen legst, so ist dies auch ein Anfang." Aber ich achtete darauf, daß ich jeden Tag für den HERRN erreichbar war - um vor IHM zu tanzen. Tag für Tag wurde ich mehr frei. Am Ende des Monats sprach der HERR durch meine Mutter prophetisch zu mir. Sie wußte nicht, was Gott zu mir gesagt hatte. Niemand hatte bemerkt, daß ich versuchte etwas zu tanzen. Der HERR sprach zu mir: „Ich werde deinen Dienst verändern. Ich werde dich zu Königen, Königinnen, hohen Würdenträgern und Menschen mit hohen Positionen senden und du wirst über mich zu ihnen sprechen."

Ich glaube, daß Tanzen die Salbung für die Nationen bringt. Ich lasse keinen Tag vergehen, ohne vor dem HERRN getanzt zu haben. Ich tanzte bereits in den Toiletten verschiedenster Flugzeuge. Wie ich es gemacht habe? Ganz einfach - etwas hochspringen und niederbeugen.

Du brauchst diese Salbung, daß sie jeden Tag durch dich fließt. Tanzen bringt diese Salbung. Wenn du in Plätzen dienst, die diese Freiheit nicht haben, so gehe auf deine Toilette und tanze etwas vor dem HERRN. Wenn du den Tanz in deinen Füßen hast, dann hast du auch die Salbung, mit dem Brot, dem Fleisch und den Wein den Nationen zu Essen zu geben.

Während dieses prophetischen Wortes sah meine Mutter in einer Vision das Wort „Katmandu". Kurze Zeit danach sandte mich der HERR nach Katmandu in Nepal, um vor der königlichen Familie über Jesus zu sprechen. (Diese Geschichte und andere eignen sich für ein anderes Buch). Der HERR teilte uns mit, daß wir den Nationen zu Essen geben sollten und ER uns dazu aussenden würde und ER stand immer zu dieser Verheißung: die Salbung für diesen Auftrag kam immer nur durch die Salbung des Tanzes. Im Tanz den HERRN zu preisen ist eine mächtige Kraft!

Es gibt hier im Nahen Osten einige Begriffe, die uns fremd sind, wodurch wir jedoch Gott besser verstehen können. Warum zum Beispiel konnte Salome das Haupt von Johannes dem Täufer erhalten? Ihr Tanz hatte den König so sehr erfreut, daß der König bereit war, ihr alles zu geben. Sie war von ihrer Mutter überredet worden, den Kopf Johannes zu verlangen. In diesem Fall wurde das Tanzen in einem sehr negativen Sinn verwandt.

Im positiven Sinn können wir auch alles erbitten vom HERRN, wenn wir IHN mit unserem Tanz und Lobpreis erfreuen. Lobpreis schafft eine Atmosphäre, in welcher Wunder ganz einfach geschehen.

**LOBPREIS — ALS EIN WERKZEUG DER ERNTE**

Wenn ich tanze fühle ich immer die Salbung auf meinen Füßen und es bringt mir immer diese Verheißung zu Bewußtsein, die davon spricht, daß alles Land, worauf wir mit unserer Sohle treten, auch unser Land sein wird.

> *„Alles Land, darauf eure Fußsohle tritt, soll euer sein: von der Wüste bis an den Berg Libanon und von dem Strom Euphrat bis ans Meer im Westen soll euer Gebiet sein."*      5. Mose 11:24

Ich kann in Amerika stehen und wenn die Salbung zu fließen beginnt, dann tanze ich im Geist um die Mauern Jerusalems herum. Ich tanze vom Damaskustor ausgehend weiter hinunter zum Herodestor, weiter vom Stephanstor über das Goldene Tor zum Misttor und dann weitergehend über das Zionstor zum Jaffator und dann über das Neue Tor wieder zurück zum Damaskustor. Ich tanze also mit gesalbten Füßen um die Mauern Jerusalems, während ich vor Gott stehe und für die Stadt und ihr Wohlergehen glaube. Und in der gleichen Weise habe ich auch für andere Völker getanzt und geglaubt. Ich habe herausgefunden, daß, wenn wir für Völker und Nationen im Bereich des Geistes tanzen, wir auch immer die Möglichkeit vom HERRN bekommen, auch auf der realen Erde dort zu tanzen.

Ich gehöre auch zum Rat der katholischen Bibelschule in Nutbourne, Chichester, West Sussex, England. Joan und Michael Le Morvan sind die Gründungsmitglieder und jetzigen Direktoren. Joan sagte zu mir: „Ruth, ich erinnere mich daran, daß du auf einer Landkarte von England getanzt hast, bevor du jemals hier gedient hast. Wir fanden, daß dies die unerhörteste Erklärung war, die wir jemals gehört haben."

Nun, ob es unerhört ist oder nicht, ich habe es getan. Ich tat nicht direkt eine Landkarte unter meine Füße, aber ich kenne die Landesgrenzen und Umrisse Englands. Und sehr oft tanzte ich über die Nordsee, tanzte von Schottland ausgehend hinunter nach Portsmouth, kreuzte hinüber zu den britischen Inseln und ging nach Irland und Wales. Ich tat dies durch die Last und die Vision des HERRN!

Ist dies nicht großartig? Ja, es ist großartig. Du stehst in deiner Heimatstadt und kannst Nationen und Völker eingenommen haben. Tanzen ist der wirkungsvollste Weg dazu. Gott wird dir jedes Land geben, das du für IHN in Besitz nimmst. Unsere Füße sind dazu gesalbt, Nationen für Gott in Besitz zu nehmen. Viele Kirchen haben Jericho-Wege. Dieses ist ebenso ein Jericho-Weg im Geist, wenn du das Gebäude nur geistlich siehst.

Manchmal nahm mich Gott im Geist auf und ich tanzte um das Weiße Haus herum, auf der einen Straßenseite hinauf, auf der anderen herunter und darum herum. Du kannst dies auch tun: Betrachte das Weiße Haus im Geist und fange an, darum herum zu tanzen. Gehe die Pennsylvania Avenue hinunter zur sechszehnten Straße und wieder zurück über die Allee. Auf diese Art werden Segnungen und Siege für deine Nation reifen.

## LOBPREIS — ALS EIN WERKZEUG DER ERNTE

Ebenso tanzte ich um den Buckingham Palast, vorbei bei Downing Street 10 und um die Häuser des Parlaments in London. Ich tanzte auf dem Roten Platz, um den Kreml (für die Freiheit der Sowjet-Juden) und um beide Deutschlands (vor ihrer Vereinigung). Als ich dies tat, erinnerte ich mich an die Vision meiner lieben Freundin, Debbie Kendrick. Acht oder neun Jahre vor der Wiedervereinigung hatte sie ein prophetisches Wort über die Wiedervereinigung. Ich tanzte um die Parlamentsgebäude und Regierungssitze von vielen Nationen. Es vergeht fast kein Tag, an dem ich nicht auf allen wichtigen Kontinenten tanze.

Im Tanz liegt eine ungeheure Kraft. Dort liegt die Salbung für die Nationen. Wenn du anfängst, mehr vor dem HERRN zu tanzen, dann wirst du erkennen, daß du die ganz bestimmte Salbung hast, den Nationen Nahrung zu geben. Laß keinen Tag vorbeigehen, an dem du nicht tanzt. Laß die Salbung fließen vom Scheitel deines Kopfes bis zu deiner Fußsohle.

Lobsinget dem HERRN und preist IHN im Tanz.

*LOBPREIS IST EIN MÄCHTIGES*
*WERKZEUG DER ERNTE !!*

# LOBPREIS —

# ALS EIN FREUDENFEST

## Wie herrlich sind die Tage

1.
Wie herrlich sind die Tage, bevor Du wiederkommst,
Wie herrlich sind die Tage, bevor Du wiederkommst,
Wie herrlich sind die Tage, bevor Du wiederkommst,

Welch' Herrlichkeit, welch' Herrlichkeit, bevor Du wiederkommst.

2.
Wie gesalbt sind die Tage, bevor Du wiederkommst,
Wie gesalbt sind die Tage, bevor Du wiederkommst,
Wie gesalbt sind die Tage, bevor Du wiederkommst,

Welch' Salbung, welch' Salbung, bevor Du wiederkommst.

3.
Wie siegreich sind die Tage, bevor Du wiederkommst,
Wie siegreich sind die Tage, bevor Du wiederkommst,
Wie siegreich sind die Tage, bevor Du wiederkommst,

Welch' Sieg, welch' Sieg, bevor Du wiederkommst.

*"Die Erlösten des HERRN werden wiederkommen und nach Zion kommen mit Jauchzen; ewige Freude wird über ihrem Haupte sein; Freude und Wonne werden sie ergreifen, und Schmerz und Seufzen wird entfliehen."* Jesaja 35:10

Der HERR hatte eine ganze Menge meines Denkens zu verändern. Wir denken alle, daß wir das richtige Denken haben. Aber Gott arbeitet in uns allen, um unser Denken zu verändern. Wir haben so viele falsche Vorstellungen. Und Gott möchte sie entfernen.

1965 habe ich angefangen zu Tanzen. Und in Jerusalem wohnten wir erst richtig ab 1972. Ich erinnere mich daran, daß ein Mädchen zu mir über das Tanzen sprach und zu mir sagte: „Manchmal, wenn wir in unserer Kirche tanzen, nehmen wir auch andere bei der Hand und tanzen mit ihnen."

Ich dachte: „Wie schrecklich! Stell dir vor, du streckst die Hände aus und dann ..."

Wir tanzten einzeln vor dem HERRN. Gott hatte uns zwar etwas freier gemacht, aber immer noch würden wir unsere Hände nicht ausstrecken und jemanden bei der Hand nehmen und zusammen mit ihnen vor dem HERRN tanzen. Für mich wäre es „zu natürlich" gewesen.

Im Jahre 1971, nachdem ich Kaiser Haile Selassie prophetisch gedient hatte, flog ich auf meinem Weg von Äthiopien nach Bhutan, wo ich beim König eingeladen war, für einige Wochen nach Jerusalem.

Ich bemerkte eine Anzeige über einen 20-Tage-Ulpan (Sprachkurs für Hebräisch) während der hohen Feiertage - welche das jüdische Neujahr, Yom Kippur - Versöhnungstag; Sukkoth - das Laubhüttenfest und Simhat Torah - Tag der Freude über das Gesetz mit einschließen. Susan und ich schrieben uns ein im Ulpan Akiva in Netanya, wo Shulamit Katznelson der Direktor ist.

In diesen zwanzig Tagen habe ich nicht viel hebräisch gelernt. Aber die Einführung war israelisch. Am Freitagabend hatten wir zusammen Abendessen. Es hieß „Oneg Shabbat", was soviel heißt wie „das Vergnügen am Schabbath". Die jüdischen Menschen heißen den Schabbath genauso willkommen, wie sie auch einen Gast begrüssen oder auch eine Königin begrüssen würden. Wenn der Schabbath begrüßt wird, dann wird auch getanzt und gesungen - es ist eine richtige Freudenfeier.

Nachdem wir die Suppe gegessen hatten, wurden rund um den Tisch hebräische Lieder gesungen. Die Menschen sangen so überschwenglich. Ich fragte immer wieder: „Was heißt das? Was singen sie?" Ich dachte, es ist ein bekanntes Lied, vielleicht der neueste Hit der Hitparade.

## LOBPREIS — ALS EIN FREUDENFEST

Ich fand heraus, daß sie Lieder sangen wie „Wir werden mit Freude Wasser schöpfen aus dem Heilsbrunnen", „Israel, sehe auf deinen Gott", „Freuet euch mit Jerusalem, alle die ihr sie liebt. Freut euch mit ihr" und „Ich habe Wächter über deine Mauern gesetzt, oh Jerusalem, die den ganzen Tag und die ganze Nacht nicht mehr schweigen sollen". Zwischen jedem Kurs wurden immer Lieder gesungen.

An einem bestimmten Punkt streckte jede Person die Arme aus zum nächsten Nachbarn und sie sangen zusammen: „Siehe, wie fein und wie lieblich ist es, wenn Brüder in Einheit zusammen wohnen." Und alle schaukelten zusammen vor und zurück.

Am Ende des Essens, nachdem das Dessert und der Kaffee (europäischer Stil) serviert waren, stand jeder zum Tanz auf. Und wieder dachte ich, daß sie zu einem bekannten Schlager tanzen würden, der vielleicht Nr. 10 der Hitliste war. Aber wieder sangen sie Schriftstellen. Und sie tanzten zu diesen Schriftstellen. Und sie nahmen sich bei der Hand und tanzten zusammen.

Ich war so glücklich, daß ich eine gewisse Freiheit im Tanzen erreicht hatte, bevor ich nach Israel gegangen war. Nun mußte ich nur noch die Schwierigkeit überwinden, mit jemanden Hand in Hand vor dem HERRN zu tanzen. Auch dieses Tanzen war viel spontaner, als ich es bisher gewohnt war. Ich überwand meine Schwierigkeiten, streckte mich aus, nahm Menschen bei der Hand und ließ mich hineinfallen in diese Freudentänze.

Das Jahr später gingen wir nach Jerusalem, um zusammen mit unserer Gruppe junger Menschen Gottesdienste viermal wöchentlich auf Mt. Zion zu haben und zusammenzuleben. Wir tanzten während der Gottesdienste und Gebetstreffen vollkommen frei. Wir hatten niemals einen israelischen Tanzlehrer, der zu uns kam und uns die Schritte beibrachte, denn der Heilige Geist lehrte uns.

Eines Tages hatten wir ein Gebetstreffen. Und ich sprach über China. China war immer noch vollkommen zu. Gott gab uns ein prophetisches Wort und sagte, daß ER die Türe nach China öffnen würde. Wir waren so aufgeregt über die Prophetie, daß wir aufsprangen und tanzten. Eine unserer Jugendlichen, stand ohne zu Zögern auf und bevor wir erkannten was geschehen würde, nahm sie die Hände hoch zu einer Figur, so als würde sie das Kinderspiel „die Brücke von London" spielen. Es stellte sich sofort jemand an die andere Seite, um eine Türe zu formen. Gott hatte gesagt, ER würde die Türe nach China öffnen. Und bevor wir erkannten was geschehen war, tanzten wir alle durch die offene Türe.

Wir sangen ganz einfache Verse, *„Die Türe nach China ist offen"*, oder vielleicht *„Offene Türen, offene Türen"* während wir durch diese „Türen" tanzten und den HERRN gemeinsam priesen. Wir waren total begeistert!

Nun, eine Türe ist wunderbar, aber zwei Türen sind besser. Jemand anderes machte eine zweite Türe. Und dann, ganz plötzlich, hatten wir viele Türen, durch die wir tanzen konnten.

## LOBPREIS — ALS EIN FREUDENFEST

Ein paar Wochen später war der Unabhängigkeitstag, einer meiner bevorzugten Zeiten in Israel. Er ist im Mai. Einige Hauptstraßen sind gesperrt und jeder tanzt in den Straßen. Alle ein oder zwei Blocks gibt es Podiums, wo kleine Bands sehr laute Musik machen. Die Musik kommt aus der Heiligen Schrift. Die Straßen sind überfüllt mit feiernden Menschen.

Wir nahmen daran teil, um uns zusammen mit jüdischen Menschen (Israelis und Juden aus dem Ausland) und auch mit Touristen über das Wunder des Staates Israel zu freuen. Wir tanzten den „Hora" (einen Rundtanz), als eine unserer Jugendlichen rief: „Schau, Schwester Ruth, schau dort hin. Sieh zu den Soldaten. Sie tanzen unseren Türen-Tanz."

Ich sah hin und war sicher, daß sie den gleichen Tanz tanzten. Wir nannten ihn „Türen-Tanz", weil es der Weg war, über den wir den Tanz vom HERRN empfangen hatten. Aber es stellte sich heraus, daß es ein traditioneller jüdischer Tanz war. Wir sahen vorher noch nie jemanden diesen Tanz tanzen. Aber der Heilige Geist hatte uns gelehrt.

Eines Morgens im Gebetstreffen gab der HERR uns einige Worte über die Freude. Einer unserer Jugendlichen tat seine Hand heraus wie in das Zentrum eines Kreises. Ganz rasch taten ebenso andere ihre Hände in die Mitte des Kreises, daß es dann so aussah, wie die Speichen eines Rades. Je nachdem wieviel Platz war, taten die anderen ihre Hände dann in die „Speichen" und jeder tat einen freien Arm um die Person, die ihm am nächsten stand. Wir tanzten und erfreuten uns eine Zeit zusammen in diesem wundervollen „Rad", ein „Rad", das in dem „Rad" war, welches Hesekiel sah.

Etwa eine Woche später kam einer unserer Brüder, der in Askelon wohnte, ganz aufgeregt zurück. Er sagte: „Schwester Ruth, als ich nach Askelon zurückkehrte, ging ich in die Synagoge der jeminitischen Juden. Und rate, was ich dort sah? Sie tanzten unseren „Rad-Tanz". Ich ging zu ihnen und fragte sie, ob dieser Tanz eine Bedeutung habe. Und sie antworteten mir und sagten, daß dieses der Brauttanz des Sieges war."

Der Heilige Geist hatte uns diesen Tanz gelehrt. Und durch den Heiligen Geist gelehrt, tanzten wir immer rundherum.

Es ist nicht falsch, die Hand eines anderen zu ergreifen und mit ihm zu tanzen und es ist genausowenig falsch, diesen Tanz allein zu tanzen. Das Wichtigste dabei ist nur, daß wir während des Tanzes den HERRN preisen. Und dies ist dann die große Salbung im Tanz vor dem HERRN.

Ich tanzte vor dem HERRN genauso in Moskau wie auch an der Großen Mauer in China. Ich habe in allen Straßen der Welt vor dem HERRN getanzt. Es gibt eine Salbung für die Nationen und eine Salbung für einen dreifachen Anteil.

Als David hüpfend und tanzend vor dem HERRN ging, verachtete ihn seine Frau. Es wird Menschen geben, die dich verachten werden. Als wir zum ersten Mal nach Jerusalem kamen, waren wir die einzigen Christen, die in der Stadt tanzten. Einige Leute verspot-

## LOBPREIS — ALS EIN FREUDENFEST

teten uns. Sie nannten uns „die tanzenden Jungfrauen von Mt. Zion". Es hat uns nichts ausgemacht. Während sie uns kritisierten, waren wir gesegnet.

Von Juden wurden wir nie kritisiert. Sie haben keine Schwierigkeiten mit dem Tanz. Sie tanzen alle. Der Bürgermeister von Jerusalem tanzte öffentlich vor dem HERRN während des Laubhüttenfestes. Der achte und letzte Tag ist der Tag der Festgemeinde und wird „Simhat Torah" genannt, was übersetzt bedeutet „die Freude am Gesetz". Wir gingen in den „Liberty Bell Park". Dort waren hohe Würdenträger, Hauptrabbiner und leitende Männer versammelt, die mit den Torahrollen zwei- oder dreimal im Kreis herumtanzten, um damit dem Gesetz des HERRN die Ehre zu geben. Während diese großen Männer auf der Bühne tanzten, tanzten wir anderen im Park und hatten eine wundervolle Zeit und ein schönes Fest.

Ich sah Väter, die ihre kleinen Söhne auf die Schultern nahmen und in solchen Nächten stundenlang mit ihnen tanzten. Es ist einfach schön, dabei zuzusehen. Ich bin froh, daß ich keine Schwierigkeiten damit habe.

Weil wir in dieser Freiheit weiterhin standen und auch nicht zurückgingen, als wir kritisiert wurden, gibt es heute kaum eine Gruppe mehr, die nicht tanzt. Und gerade die, die uns kritisierten, tanzen auf großen Bühnen in der Welt und tanzen vor dem HERRN. Wir achteten nur auf den HERRN und darauf, daß ER die Situation ändern würde, aber wir sahen nicht auf die Kritiken. Heute tanzen sie alle vor dem HERRN und preisen Seinen Namen.

Und warum ist dies so wichtig? Gott ist ein feiernder Gott und wir sollten feiernde Menschen sein. In christlichen Kreisen hat das Wort „feiern" erst seit einigen Jahren Eingang gefunden. Und ich bin sehr froh darüber. Denn der Gott, dem wir dienen, ist ein feiernder Gott.

Wenn du nach Jerusalem kommst, wirst du dir dieser Tatsache sehr bewußt. Gott liebt Feste. Und deswegen gab ER Seinem Volk, den Juden, so viele davon. Alle paar Monate gibt es einen anderen Grund, vor dem HERRN zu feiern, wieder einen wunderbaren Feiertag. ER hat alles in Seinem Kalender geplant und was ER geplant hat, ist so schön.

Für die Christen ist Jerusalem die Stadt der Prozessionen. An wichtigen christlichen Feiertagen (besonders zu Weihnachten, Palmsonntag und Ostern) kommen tausende von Gläubigen, die mit ihren Prozessionen die Straßen füllen und die singend, jubelnd und Banner tragend, den HERRN feiern.

*„Du hast mir meine Klage verwandelt in einen Reigen, du hast mir den Sack der Trauer ausgezogen und mich mit Freude gegürtet, daß ich dir lobsinge und nicht stille werde, HERR, mein Gott, ich will dir danken in Ewigkeit."*
Psalm 30:12-13

Die ersten ausgebildeten Tänzer, die den HERRN anbeteten, sah ich in Fr. P. Charlotte Baker's Kirche, im Königstempel in Seattle in Washington. Die einfach gekleideten Mädchen tanzten die Gänge auf und ab, gekonnt und sehr bescheiden, während die Gemeinde

## LOBPREIS — ALS EIN FREUDENFEST

den HERRN pries und anbetete. Wenn ich das Lied höre „Betet den König an" ("All Hail, King Jesus"), dann denke ich immer an diesen Moment der Herrlichkeit.

Meine Freundin, Mary Jones, eine Episkopale aus Sydney, Australien, leitet eine internationale Tanz-Gemeinde.

Eines der schönsten Beispiele dieser Art des Tanzes, kann jährlich auf dem Laubhüttenfest besucht werden, das von der Christlichen Botschaft in Jerusalem unterstützt wird. Die Anbetung wird choreographiert und wird geleitet von Fr. Valerie Henry und Hr. Randall Banes.

So wie es ein gemeinschaftliches Singen gibt, und auch Chormusik, genauso gibt es ein gemeinschaftliches Tanzen und ausgebildete Tänzer. Und beides dient der Herrlichkeit Gottes.

Immer mehr hebräische Lieder und Tänze kommen in den Leib Jesu, und dies bringt einen Wachstum in der Salbung.

Wenn einer von euch ein Problem mit Tanzen hat, dann versucht, davon frei zu werden. Laß dir vom HERRN eine Salbung zum Tanzen geben. Und diejenigen, die zwar schon tanzten, ihm aber bisher noch keine große Bedeutung beimaßen, dann laß dir von Gott eine größere Vision geben. Beschließe, daß du vor dem HERRN tanzen wirst, mit deiner gesamten Kraft und aller deiner Stärke.

Lobet und preiset den HERRN im Tanz.

*FEIERT DIE GEGENWART DES HERRN !!*

# LOBPREIS —

# ALS WAFFE IN DER

# KRIEGSFÜHRUNG

# Kommt, laßt uns anbeten

*Kommt, laßt uns anbeten vor dem Herrn,*
*Denn IHM allein gebührt das Lob.*
*Kommt, laßt uns anbeten vor dem Herrn,*
*Denn IHM allein gebührt das Lob.*

*Und er beriet sich mit dem Volk und bestellte Sänger für den HERRN, daß sie in heiligem Schmuck Loblieder sängen und vor den Kriegsleuten herzögen und sprächen: Danket dem HERRN: denn seine Barmherzigkeit währet ewiglich.*
*Und als sie anfingen mit Danken und Loben, ließ der Herr einen Hinterhalt kommen über die Ammoniter und Moabiter und die vom Gebirge Seir, die gegen Juda ausgezogen waren und sie wurden geschlagen. Es stellten sich die Ammoniter und Moabiter gegen die Leute vom Gebirge Seir, um sie auszurotten und zu vertilgen. Und als sie die Leute vom Gebirge Seir alle aufgerieben hatten, kehrte sich einer gegen den anderen, und sie wurden einander zum Verderben. Als aber Juda an den Ort kam, wo man in die Wüste sehen kann, und sie sich gegen das Heer wenden wollten, siehe, da lagen nur Leichname auf der Erde: keiner war entronnen.* 2. Chronik 20:21-24

Das Aufheben der Hände ist eines der mächtigsten Instrumente im Lobpreis, das wir haben. Es ist genauso vollmächtig, wie das Tanzen. Gott sagte:

*„So will ich nun, daß die Männer beten an allen Orten und aufheben heilige Hände ohne Zorn und Zweifel."* 1. Timotheus 2:8

Wenn ich in Jerusalem vor dem HERRN stehe, dann halte ich meine Hände nicht auf „Halbmast". Ich hebe sie ganz auf, denn ich brauche die Kraft, die dann von oben herab kommt. Manchmal müssen wir nichts verkündigen. Wir müssen nur mit erhobenen Händen vor dem HERRN stehen. Und indem wir so, mit erhobenen Händen in der Gegenwart Gottes stehen, ist dieses bereits eine Aussage in sich selbst.

Als die Schlacht tobte und Moses hatte seine Hände aufgehoben, ging der Kampf zugunsten Israels aus. Aber sobald er seine Hände sinken ließ, dann war Israel im Nachteil. Aaron und Hur sahen dies und sie gingen zu Moses Seite und stützten seine Hände solange, bis Israel den Kampf gewonnen hatte.

*„Und wenn Mose seine Hand empor hielt, siegte Israel: wenn er aber seine Hand sinken ließ, siegte Amalek. Aber Mose wurden die Hände schwer: darum nahmen die beiden einen Stein und legten ihn hin, daß er sich darauf setzte. Aaron aber und Hur stützten ihm die Hände, auf jeder Seite einer. So blieben seine Hände erhoben, bis die Sonne unterging."* 2. Mose 17:11-12

Als ich im November 1987 in Jerusalem betete, hatte ich eine Vision von Mose mit erhobenen Händen. Ich sah darin den Ausdruck seiner überwindenden Macht. Schnell brachte mich der HERR in dieser Vision in die nächste Generation. Ich sah Josua, der die Israeliten anführte im Kampf gegen die Amoriter. Israel hatte alles, um diesen Kampf zu gewinnen - außer Zeit. Ganz plötzlich wuchs dann der Glaube im Geist Josuas, etwas zu tun, wofür es noch kein Beispiel gab, so daß dadurch Israel Zeit gewinnen würde. Er befahl der Sonne und dem Mond still zu stehen.

## LOBPREIS — IN DER KRIEGSFÜHRUNG 51

> *„Damals redete Josua mit dem HERRN an dem Tage, da der Herr die Amoriter vor den Israeliten dahingab, und er sprach in Gegenwart Israels: Sonne, steh still zu Gibeon, und Mond im Tal Ajalon! Da stand die Sonne still, und der Mond blieb stehen, bis sich das Volk an seinen Feinden gerächt hatte. Ist dies nicht geschrieben im Buch des Redlichen? So blieb die Sonne stehen mitten am Himmel und beeilte sich nicht unterzugehen fast einen ganzen Tag. Und es war kein Tag diesem gleich, weder vorher noch danach, daß der HERR so auf die Stimme eines Menschen hörte; denn der HERR stritt für Israel."*
> Josua 10:12-14

Der HERR sagte mir, daß ER mich nach Manila senden wollte, um in der Haltung eines Fürbitters - mit aufgehobenen Händen - vor der Präsidentin Corazon Aquino stehen sollte, um zu ihren Gunsten der Zeit zu gebieten. Eine Woche nach meiner Ankunft in Manila/Philippinen war ein Bild von ihr in einem Time-Magazin, mit dem Titel *„Betend für die Zeit"*. Gott hatte ihr Hilfe gesandt. Eine Woche später, durch die gütige Mithilfe ihrer lieben Schwiegermutter, Doña Aurora Aquino, saß ich im Malacañang Palast, vor der Präsidentin, hielt ihre Hand und diente ihr prophetisch. Gott hatte ihr gnädig Zeit gegeben. Und die Philippinen erleben eine wunderbare Ausgießung des Heiligen Geistes.

Allzuoft wurden wir gelehrt, Lobpreis nur vom Standpunkt aus zu betrachten, daß unsere Gebete beantwortet werden. Aber es ist viel mächtiger als das.

Ich weiß, daß es auf dieser Ebene funktioniert. Als wir Kinder waren, erfuhren wir niemals etwas über die Nöte des Haushaltes oder unserer Kirche. Wir wußten aber, daß etwas geschehen war. Mutter sagte nur zu uns: „Heute gehe ich nicht ans Telefon. Ich gehe auch nicht an die Tür. Wenn jemand zu mir möchte, ich bin nicht erreichbar. (Normalerweise war sie immer erreichbar). Ich werde heute den HERRN den ganzen Tag preisen." Den ganzen Tag ging sie dann durch das Haus, ihre Hände waren erhoben und sie pries den HERRN und lobte IHN. Später dann, als die Antwort und der Sieg kam, hörten wir sie sagen: „Gott hat einen wunderbaren Sieg gegeben."

Wenn sie einen Tag im Lobpreis verbrachte, dann wußten wir, daß es eine große Not gab. Sie wählte dieses Mittel nur in Extremsituationen. Aber in diesen Situationen funktionierte es immer. Abseits von Ausnahmesituationen, ist Lobpreis ein wunderbares Emporheben des Königreichs Gottes.

Dein Lobpreis verändert die Atmosphäre. Dein Lobpreis kann die Atmosphäre deines ganzen Haushaltes verändern. Nicht alle von uns leben zusammen mit Menschen die geisterfüllt sind, sondern sehr oft müssen wir mit Atmosphären und Umgebungen umgehen, die nicht gut sind. Wenn du möchtest, daß sich die Atmosphäre ändert, dann preise einfach den HERRN. Dein Lobpreis wird in den Raum eindringen mit dem lieblichen Geruch der Gegenwart Gottes und wird die Atmosphäre des ganzen Haushaltes verändern.

## LOBPREIS — IN DER KRIEGSFÜHRUNG

Auf die gleiche Art und Weise kann Lobpreis auch deinen Arbeitsplatz verändern.

Möchtest du die Atmosphäre deiner Kirche verändern? Dann höre auf zu kritisieren, zu murren und dich zu beklagen. Gehe früh in die Kirche und preise den HERRN etwas. Stehe etwas hinten und preise IHN wieder. Sehr oft sind die Verantwortlichen über die gleichen Situationen besorgt wie du, aber sie wissen nicht, wie die Situation zu ändern ist. Lobpreis verändert die Atmosphäre. Gehe in deine Kirche und preise Gott dort und damit wirst du die Atmosphäre verändern.

Vor einigen Jahren war ich gerade von Australien nach Jerusalem gekommen. In unserem täglichen Gebetstreffen hatte eine Schwester aus Poona, Indien, mit dem Namen Maria Deans, eine Vision. Sie sah von Jerusalem ausgehend eine Linie, die zur Nordwestküste von Afrika ging, dann zur mittleren Ostküste Südamerikas und dann weiter die Ostküste hinaufging zu den Vereinigten Staaten, nach Virginia.

Als sie die Vision laut aussprach, folgte ich ihr im Geiste ebenso. Ich sah Sierra Leone in Westafrika, den Zuckerhut in Brasilien, wo die wunderschöne Christusstatue über Rio de Janeiro steht, und Virginia, wo bald das Campmeeting beginnen würde.

Auch wenn ich Jerusalem nicht so bald verlassen würde, so hatte Gott doch bereits eine Rundreise für mich ausgearbeitet. Ich war dies gewohnt, denn Susan und ich hatten durch Visionen und Offenbarungen geleitet, bereits die ganze Welt bereist, bevor wir uns in

Jerusalem niederliessen und unsere Leute hatten das Gleiche getan.

Ich rief Herrn und Frau Ade Jones an, die Pastoren der Bethel-Kirche in Freetown, Sierra Leone waren und fragte sie, ob sie meinen Dienst dort für eine Woche gebrauchen könnten. Sie waren oft mit uns in Jerusalem. Sie baten mich zu kommen. Als ich in Freetown um Mitternacht ankam, war der „rote Teppich" bereits bis zum Flugzeug ausgerollt. Blumensträuße wurden gereicht. Würdenträger waren dort, um mich zu begrüßen. Und die Gemeinde sang Lieder zu meinem Empfang. Es war ganz einfach aufregend.

Als ich sie anrief, traf ich keine Vereinbarung. Ich wollte nur ein Segen sein und war bereit zu dienen, in welcher Art sie es auch immer von mir wünschen würden. Ich war ganz überrascht, daß sie die Stadthalle gemietet hatten. Jede Nacht war es dort gesteckt voll. Der Bürgermeister und seine Frau waren anwesend, ebenso die Frau des Präsidenten und ihre Familie. Diese Menschen waren dem HERRN so hingegeben. Ich verstand, daß dies das erste Treffen dieser Art in Freetown war, das so stark durch die Macht Gottes berührt war.

Anschließend flog ich von Freetown nach Lagos, Nigeria und weiter nach Rio de Janeiro, Brasilien. Ich buchte ein Hotel an der Küste der Copacabana und ging dann schlafen. Am nächsten Tag ging ich auf die Spitze des Zuckerhuts, wo ich mit erhobenen Armen den HERRN lobte, IHN anbetete und über Rio und Brasilien prophezeite, und ich war mir vollkommen bewußt, daß Gott die Atmosphäre über der

**LOBPREIS — IN DER KRIEGSFÜHRUNG**

Stadt und der Nation veränderte. Dann ging ich zum Flughafen zurück, wo ich weiterflog nach Miami und Virginia.

Am Donnerstag rief ich dann meinen Freund, Pastor John Lucas an, der in Calgary/Kanada wohnte. Ich erzählte ihm, was gerade geschehen war. Und er teilte mir mit, daß er wußte, was ich getan hatte und warum dies so war. Hr. P. Cerullo hatte einen großen evangelistischen Einsatz in Brasilien. Es war das viertgrößte Medienereignis in Amerika in diesem Jahr. Er hatte eine Satellitenübertragung in zehn Stadien in Brasilien und in sechzig bis siebzig Hallen in die Vereinigten Staaten und Kanada.

Ursprünglich wollte er die Veranstaltung in Sao Paulo veranstalten, weil die geistige Atmosphäre dort besser war als in Rio. Aber aus technischen Gründen mußte das Treffen doch in Rio stattfinden. Dieses war dann am Donnerstag. Ich war auf dem Berg gewesen, als es Dienstag war und das Treffen sollte am Samstag beginnen. Gott hatte darauf geachtet, daß die geistige Atmosphäre sich verändert hatte.

Ich hörte einen Bericht einer Pastorenfrau aus Detroit, daß die Kraft Gottes so spürbar war, daß sie während der Veranstaltung auf den Boden fiel - durch die Kraft des Heiligen Geistes. Wir sind alle *„Mitarbeiter mit IHM"* (2. Korintherbrief 6:1).

Deine Stimme ist ein mächtiges Instrument der geistigen Kriegsführung. Durch deine Stimme kannst du die Herrlichkeit des HERRN an jeden Platz der Welt bringen. Sie wird dann den ganzen Raum ausfüllen.

Wir alle kennen diese Versammlungen, die ganz „normal" sind, solange bis jemand ein prophetisches Wort hat oder in einem anderen Wort Gottes Salbung zum Ausdruck kommt. Dann kommt die Herrlichkeit des HERRN in den Raum hinein durch eine Stimme und beginnt das Leben der Menschen zu verändern. Und von dem Moment an gibt es einen spürbaren Unterschied.

> *„Ich will den HERRN loben allezeit: sein Lob soll immerdar in meinem Munde sein. Meine Seele soll sich rühmen des HERRN, daß es die Elenden hören und sich freuen.*
> *Preiset mit mir den HERRN und laßt uns miteinander seinen Namen erhöhen."* Psalm 34:2-4

Der andere Aspekt des Lobpreises, der ebenso mächtig ist und den wir auch mehr und mehr benützen sollen, ist zu singen. Vor einigen Jahren begann der HERR etwas Neues in dieser Beziehung in Jerusalem zu schaffen. ER begann uns ein neues Lied zu geben. Nun geschieht dies bereits weltweit. Ich höre die verschiedensten Botschaften aus vielen Kreisen, die dem HERRN ein „neues Lied" singen.

Der HERR sprach zu uns und sagte uns, daß wir IHM ein neues Lied singen sollten. Wir wußten wirklich nicht, was ER damit meinte. Aber wenn Gott zu uns spricht und wir nicht verstehen, was ER meint, dann sagt ER es uns solange, bis wir verstehen, was ER uns sagen möchte, oder ER schickt jemanden vorbei,

**LOBPREIS — IN DER KRIEGSFÜHRUNG** 57

der das Gleiche sagt, solange, bis es aus der Mitte von Gottes Volk hervorbricht.

Gott ist sehr beharrlich. ER kann für eine lange Zeit die gleiche Botschaft haben. Wenn wir die gleiche Botschaft immer wieder hören ist es wahrscheinlich, daß wir sie noch nicht aufgenommen haben. Der HERR möchte schnell mit uns weitergehen, wenn wir das schnell aufnehmen, was ER uns sagt.

ER sagte uns immer wieder, daß wir IHM „ein neues Lied" singen sollten. Wir waren nicht sicher, ob wir einen anderen Rythmus, eine andere Melodie oder einen anderen Stil singen sollten. Wir wußten wirklich nicht, was ER meinte. Niemand von uns war ein musikalisches Talent. Als wir eines Tages den HERRN priesen, fingen wir an, ein kleines Lied zu singen, das wir nie gehört hatten, nie gelernt hatten, niemals gelehrt wurden und an das wir uns nicht erinnerten. Wir hatten ganz einfach aus dem Geist heraus begonnen zu singen. Es gibt in unserem Geist vieles, wodurch wir die Nationen segnen können, mehr als wir selbst fähig sind zu benutzen, wir müssen es nur durch Gott freisetzen lassen. Wir fragen den HERRN immer noch: „Lege es in uns hinein, lege es in uns hinein." Und ER spricht: „Gebe es weiter, gebe es weiter."

Wir sagten: „HERR, ich gebe es weiter, wenn ich etwas weiterzugeben habe." Es ist bereits da, aber da unser Glaube auf dieser Ebene noch nicht groß genug ist, geben wir es auch noch nicht weiter.

Wenn Gott uns in etwas Neues hineinleitet, dann sind wir unserer Selbst nicht sicher und gehen sehr langsam. Wir tun unsere Zehen hinein, dann tun wir sie wieder heraus und dann tun wir sie wieder hinein, um das Wasser zu testen. Gott segnete uns sehr, als wir spontan sangen. Zuerst taten wir so in unseren Gebetstreffen in Bethlehem. Als wir dann auf Mount Zion Gottesdienste hatten, führten wir sie so durch, wie wir sie gewöhnt waren.

Der HERR sprach zu uns: „Warum vertraut ihr mir nicht? Wenn ihr spontan in den Gebetstreffen singen könnt, warum singt ihr dann nicht spontan auf Mount Zion?"

„Aber HERR", sagte ich, „die Menschen kommen über viele tausend Kilometer, nur um in einem Gottesdienst zu sein. Wir wollen doch keine Fehler vor ihnen machen. Was ist, wenn es nicht funktioniert?" Ganz persönlich mag ich ein gelegentliches Gestotter und Gestammel recht gern in einem Gottesdienst. Wenn wir zu perfekt sind, kommt das meist daher, daß wir zu oft das Gleiche getan haben. Wenn wir diese Dinge mechanisch machen, dann mangelt es uns an Frische. Wenn die Menschen manchmal stottern, zeigt es aber auch, daß sie durch die Offenbarung des Heiligen Geistes in ein neues Gebiet hineinreichen.

ER hielt uns an, daß wir auch in normalen Gottesdiensten spontan sangen. Und von da an haben wir nicht mehr zurückgesehen. Wir singen in unseren Gottesdiensten ganz spontan. Auf diesem Weg wurden wir vom Heiligen Geist gelehrt.

Wie kam David zu dieser Fülle der Aussagen in dem Psalter? Er sang es. Er hörte es zum ersten Mal, als es von seinen Lippen kam. Und wir hören das neue Lied das erste Mal, wenn wir es in prophetischer Salbung

## LOBPREIS — IN DER KRIEGSFÜHRUNG

aussprechen. Der HERR setzt das prophetische Lied frei. David setzte sich nicht hin und dachte sich durch jeden Psalm, komponierte die Musik und tat dann die Musik und den Text zusammen. Seine Zunge wurde „der Griffel eines guten Schreibers", wenn er anfing, den HERRN zu preisen.

Weil David vielseitige Erfahrungen mit Gott hatte, hatte er ebenso vielseitige Erfahrungen mit den Liedern. Weil er durch das Leben in die verschiedensten Versuchungen und Prüfungen geführt worden war, konnte er auch von seinen Feinden singen. Er konnte aber auch über seine Freuden singen. Und er sang über seine Siege.

Außerhalb der griechischen Kapelle in Bethlehem, wo wir am Freitag und Samstag früh für einige Jahre unsere Gottesdienste hatten, hatten wir ein großes Schild angebracht: Pfingstliche Gebetstreffen von 8 bis 12 Uhr. Nach einiger Zeit machte mich dieses Schild verlegen. Ich dachte mir „in Wirklichkeit beten wir ja nicht mehr." Wir hatten angefangen mit wirklichen Mühen und Fürbitten. Nun verbrachten wir unsere meiste Zeit singend und tanzend, voller Freude im HERRN. Jahre später erst lernte ich, daß viele Bibelstellen, die von Gebet sprechen, eigentlich über Gesang sprechen. Es gibt ein singendes Gebet:

*„Ermuntert einander mit Psalmen und Lobgesängen und geistlichen Liedern, singt und spielt dem HERRN in eurem Herzen."* Epheser 5:19

Es gibt so viele Arten, dem HERRN zu singen. Es gibt Liebeslieder, Lieder der Freude und der Danksagung, auch Lieder, mit denen wir etwas erbitten und viele andere.

Ich fühlte mich verlegen, daß wir nicht förmlich beteten. Und es war in dieser Zeit, daß der HERR mir das Lied gab *„Ich bitt' für die Völker"*. ER gab es mir ganz spontan während eines Gebetstreffens und wir verbrachten den ganzen Vormittag, um für verschiedene Nationen zu bitten. Aber wir gingen nicht mehr den förmlichen Weg, den wir zuvor gekannt hatten.

Gott sprach zu uns über die Nation und zeigte uns die Antwort auf ihr Problem. Dann verkündeten wir den Sieg, prophezeiten, daß es geschehen würde und freuten uns darüber, daß es zustande kam. Wir flehten nicht mehr so inständig, litten und weinten nicht mehr, wie wir es zuvor taten. Und wir wußten nicht was wir darüber denken sollten.

Etwas später lud mich Pastor Edward Miller (argentinischer Erweckungsprediger) ein, um dort zu sprechen, was er die „größte Lobpreiskirche Amerikas" nannte und er arrangierte eine Vortragsreise für mich. Wenn du durch Amerika fährst, dann findest du heraus, was die Menschen denken. In jeder Kirche fragen die Menschen die gleichen Fragen. Nach etwa zehn Tagen wußte ich, die Frage, die jeder stellen würde, war: „Und was ist mit dem Ringen im Gebet?"

Ich antwortete ihnen: „Ich war genau darauf spezialisiert. Wenn du mich vor ein paar Wochen gefragt hättest, so hätte ich darauf alle Antworten geben können. Aber Gott tut etwas Neues und Anderes. Ich weiß noch nicht genau, was ER tun möchte.

## LOBPREIS — IN DER KRIEGSFÜHRUNG

Oft fühlen wir uns schuldig, wenn wir Dinge anders tun als zuvor, da Gott uns einen neuen Weg zeigt. Wir fahren immer noch auf einer Landstraße, während Gott für uns schon die Autobahn Nr. 1 geöffnet hat. Sie ist größer, sie ist breiter und sie ist schneller. Aber wir sind immer nur auf der Landstraße gefahren. Und die Landstraße bringt dich sicher irgendwohin, aber die Autobahn Nr. 1 hat dagegen keinen örtlichen Verkehr und keine Hindernisse, die die Fahrt auf der Landstraße verlangsamen. Anscheinend halten wir lieber bei jedem roten Licht an. So läßt uns Gott unsere eigenen Dinge tun, während ER bereits andere Wege in das Himmlische geöffnet hat.

„Ich weiß nicht, was Gott tut", sagte ich zu diesen Menschen. „Wir singen so viel in unseren Gebetstreffen. Und dann fühlen wir eine so große Freisetzung des Geistes und wir wissen ganz genau, daß Gott uns erhört hat, ob es nun für Nationen ist oder für die Nöte einzelner Menschen."

Zum Campmeeting ging ich dann nach Hause nach Virginia. Mutter fragte mich, ob ich den Sonntagmorgen-Gottesdienst übernehmen würde. Es war der Abendmahlssonntag. Gott sagte mir: „Schlage Jesaja 53 auf". Ich las:

*„Und so wollte ihn der HERR zerschlagen mit Krankheit. Wenn er sein Leben zum Schuldopfer gegeben hat, wird er Nachkommen haben und in die Länge leben, und des HERRN Plan wird durch seine Hand gelingen. Weil seine Seele sich*

*abgemüht hat, wird er das Licht schauen und die Fülle haben."* Jesaja 53:10-11

Als ich diese Verse las, sah ich plötzlich, daß nicht nur die Errettung und Heilung in der Versöhnung war, sondern auch das Abmühen (der Seele) war in der Versöhnung. Und weil dieses Abmühen in der Versöhnung enthalten ist, brauche ich mich nicht mehr abzumühen. Wenn ich es würdigen kann, ER hat es bereits getan. Ich muß mich nicht mehr abmühen.
Als ich dies sah, war es für mich so befreiend. Und erkenne auch das:

*"Darum will ich ihm die Vielen zur Beute geben, und er soll die Starken zum Raube haben, dafür, daß er sein Leben in den Tod gegeben hat und den Übeltätern gleichgerechnet ist und er die Sünde der vielen getragen hat und für die Übeltäter gebeten."* Jesaja 53:12

Gott der Vater gibt Jesus die *„Vielen zur Beute"*. Und Jesus teilt Seinen Anteil mit uns - mit denen, *die IHN preisen*.
Als Jesus davon sprach, daß der perfekte Lobpreis aus dem Munde der Säuglinge und Unmündigen bereitet wurde, sprach er vom Psalm 8:3:

*„Aus dem Munde der jungen Kinder und Säuglinge hast du eine Macht zugerichtet um deiner Feinde willen, daß du vertilgest den Feind und den Rachgierigen."*

## LOBPREIS — IN DER KRIEGSFÜHRUNG

Jesus sagt es auf eine andere Art:

*„Als aber die Hohenpriester und Schriftgelehrten die Wunder sahen, die er tat, und die Kinder, die im Tempel schrien: Hosianna, dem Sohn Davids, entrüsteten sie sich und sprachen zu ihm:*
*Hörst du auch, was diese sagen? Jesus antwortete ihnen: Ja! Habt ihr nie gelesen :*
*Aus dem Munde der Unmündigen und Säuglinge hast du dir Lob bereitet?*     *Matthäus 21:15-16*

Aus einer „zugerichteten Macht" wurde „Lobpreis". Nachdem Jesus sich abgemüht hatte, teilt ER jetzt das Geraubte mit den Starken. Unser Lobpreis ist für uns der Eintritt, daß wir unsere Erbschaft antreten können. Wir können dies nur tun durch „Lobpreis".

Ich sagte: „Ja, Herr, jetzt verstehe ich, daß ich mich nicht abmühen muß. Aber wie sollen wir damit umgehen?" (Denn es gibt immer besonders passende Wege für alles, was Gott für uns bereitet hat).

„Lese einfach weiter, " sagte ER.

Die Kapitel sind immer so eingeteilt, daß sie uns behilflich sind, das zu finden, was wir suchen. Wir haben Straßennamen und Hausnummern, damit wir besser sehen, auf welchem Platz wir uns befinden. Aber diese Nummern helfen uns nur, unseren Ort zu finden.

Das geschriebene Wort fing vom Kapitel 53 an und ging bis Kapitel 54.

„Was kann ich tun", fragte ich den HERRN.

ER sagte *„Singe!"*

„Singen? Ich kann dies durch Singen anwenden?"
*„Singe!"* sagte ER.

*„Rühme (Singe) du Unfruchtbare, die du nicht geboren hast! Freue dich mit Rühmen und jauchze, die du nicht schwanger warst! Denn die Einsame hat mehr Kinder, als die den Mann hat, spricht der HERR."* Jesaja 54:1

Bemerke den Unterschied zwischen *„Singen"* und *„Jauchzen"*. Das sind zwei verschiedene Dinge. Die meisten von uns singen. Manche lernen auch zu singen und zu jauchzen. Singen ist für uns ein Lied mit Worten und Texten. Aber es gibt ein Jauchzen und Überfließen, wenn Gott ein Lied in unseren Geist gibt. Du gehst damit zu Bett. Du wachst mitten in der Nacht damit auf. Und du hast es immer noch am nächsten Morgen.

Wie oft ist dir dies passiert. Du bist in einer verblüffenden Situation. Du bist überwältigt. Du weißt nicht, was du tun sollst und deine Gedanken überschlagen sich, weil du versuchst, dies alles zu verstehen. Und auf einmal hörst du auf und bist irgendwo angestoßen. Und damit ist deine ganze Aufmerksamkeit wieder da und du entdeckst, daß du singst. Du hast die ganze Zeit gesungen, denn dein Geist hat gearbeitet.

Der Heilige Geist hatte bereits die gesungene Antwort in deinen Geist gelegt, während du durch Nachdenken versuchtest, eine Lösung zu finden. Und

## LOBPREIS — IN DER KRIEGSFÜHRUNG 65

dann kannst du sagen „Ist dies nicht die Treue des Heiligen Geistes! Ich versuchte durch meine eigenen Gedanken die Antwort zu finden und dabei hatte mir der Heilige Geist ja bereits die Antwort gegeben. Ich danke Gott, daß ER mich aufgehalten hat, weiter zu denken und dadurch mein Herz das Lied des Heiligen Geistes hören konnte.

Wir sitzen nicht herum und prophezeien uns selbst. Der prophetische Dienst ist für andere. Aber das gesungene Lied setzt die Stimme des Heiligen Geistes in uns und in unserer Sprache frei und baut uns auf, so wie auch das Zungengebet uns aufbaut. Menschen, die sich immer nur selbstprophezeit haben, haben sehr viele Fehler gemacht.

Aber ich kann singen. Aus der Tiefe meines ganzen Seins, lasse ich das Lied des HERRN hervorkommen. Einige meiner größten Offenbarungen hatte ich im Gesang, als wir gemeinsam sangen und jede anwesende Person einen kleinen Vers für das Lied hatte.

Und als wir dann fragten: „Hatte jemand eine Offenbarung an diesem Morgen?" antworteten dann alle: „Nein!" Das Wort „Offenbarung" ist ja so groß. Es ist interessant. In katholisch-charismatischen Kreisen benutzen sie das Wort „Bild" anstelle „Vision". So fragten wir: „Hatte heute irgend jemand ein „Bild" gehabt?" Und Bilder hatten sie gehabt. Der Grund dafür ist, daß „Vision" so großartig erscheint und auch so einzigartig. „Nein, eine Vision hatten wir nicht, aber ein „Bild". „Ich hatte keine Offenbarung, aber ich hatte ein kleines Lied."

Sehr oft, wenn wir ein kleines Lied aus uns hervorkommen lassen, beinhaltet es eine Offenbarung. Gottes vollkommener Lobpreis kommt aus dem Munde von Säuglingen und Unmündigen. Dies ist einfach wunderbar. In Jerusalem habe ich für jedes Jahr ein Buch. Während ich am Klavier sitze, kommen einzelne Liedverschen. Wunderbare Visionen und Offenbarungen kommen aus dem Mund der Menschen. *„Sing!"*

Ich wünsche mir, daß ihr von diesem Tag an mehr singt als jemals in eurem Leben. Singt nicht nur die bekannten Lieder, die ihr ja ohnehin schon kennt. Laßt ein kleines Lied aus eurem Geist herauskommen. Macht es einfach, jedesmal einen kleinen Vers. Macht es nicht zu schwierig.

Wenn du anfängst ein neues Lied zu singen, dann geschehen zwei Dinge. Zum einen lernst du es, dich auf Gott zu konzentrieren und zum anderen lehrt es dich die Einfachheit. Es ist möglich, wenn du ein bekanntes Lied singst, daß du nebenbei planst, welches Essen du kochst. Das kannst du nicht machen, wenn du ein neues Lied singst. Du wirst es dann verlieren. Du mußt dich vollkommen auf den HERRN konzentrieren, wenn du ein neues Lied singst. Und dann brauchen wir die Einfachheit, daß wir es auch nachsingen können.

*„Rühme (Singe) du Unfruchtbare, die du nicht geboren hast! Freue dich mit Rühmen und jauchze, die du nicht schwanger warst! Denn die Einsame hat mehr Kinder, als die den Mann hat, spricht der HERR. Mache den Raum deines Zeltes weit*

## LOBPREIS — IN DER KRIEGSFÜHRUNG 67

*und breite aus die Decken deiner Wohnstatt, spare nicht! Spann deine Seile lang und stecke deine Pflöcke fest!*
*Denn du wirst dich ausbreiten zur Rechten und zur Linken, und deine Nachkommen werden Völker beerben und verwüstete Städte neu bewohnen."* Jesaja 54:1-3

Gott möchte uns geistig erweitern und diese Erweiterung bringt ER durch Lieder. Singe ganz einfach und mach dich bereit, von Gott erhöht zu werden. Singe und jauchze und juble und du wirst auf der rechten und auf der linken Seite erhöht werden.

Nachdem der HERR mir gezeigt hatte, daß ich mich nicht länger abmühen muß, kam eine von mir sehr geachtete Person nach Jerusalem und während des Besuches diente sie mit der alten Lehre über Bemühungen und Ringen des Gebetes. Diese Lehre ist nicht falsch. Aber Gott zeigt uns einfachere Wege. Ich denke, ich würde mir eine Schreibmaschine kaufen, da ich noch aus dieser Generation stamme. Aber jeder, der weiß mit einem Computer umzugehen, meint, daß dies altmodisch sei. „Für was brauchst du eine Schreibmaschine?" fragen sie.

Schreibmaschinen haben immer noch einen nützlichen Zweck. Aber wenn es bereits einen Computer gibt, warum dann eine Schreibmaschine? Verstehst du was ich sage? Wenn es etwas gibt, womit du mehr tun kannst, warum gehst du dann zurück in das Gewohnte? Gott geht weiter. Ich kaufe keine Schreibmaschine.

Das Gleiche ist es, wenn du für Kranke betest. Es gibt eine ganze Reihe von Anleitungen im Wort Gottes, um für Kranke zu beten und sie funktionieren alle. Ich zum Beispiel salbe nie jemanden mit Öl. Ich spüre, daß Gott mir die Gabe der Heilung gegeben hat und somit komme ich nicht in die gleiche Klasse wie die Ältesten, die mit Öl salben. Immer wieder geben mir Menschen Fläschchen mit Öl. Ich gehe damit so wohlwollend um, wie ich es kann. „Bruder", sage ich, „du salbst ihn mit Öl, und ich werde mit dir beten." Gott hat mir die Offenbarung gegeben und ich möchte in der Offenbarung fließen.

Heißt dies, daß Gott nicht durch Salbungsöl heilt? Nein, das heißt es nicht. Gott arbeitet auf den verschiedensten Wegen.

Wenn ich diesen Prediger sprechen hörte über die Bemühungen in der traditionellen Art, „... wir beugen uns und beten solange, bis wir richtige, wehenartige Schmerzen haben, die Bürde für die Menschen haben, so sehr, wie eine Frau bei der Entbindung, wir ringen für einzelne zur Errettung, bringen auch ganze Nationen vor Gott ..." etc., dann sagte ich zum HERRN: „Ich möchte wirklich wissen, ob ich dich richtig verstanden habe. Gib mir einfach weitere Anweisungen, was dieses neue Ding betrifft."

Die Ehefrau eines unserer Ehepaare erwartete ein Baby. Und sie wußte nicht, was ich den HERRN gefragt hatte. Sie sagte mir später, daß Gott sie am nächsten Tag aufgeweckt hatte mit den Versen: *„Kaum in Wehen, hat Zion schon ihre Kinder geboren."*

## LOBPREIS — IN DER KRIEGSFÜHRUNG

Sie fragte den HERRN, was dies bedeute.

An diesem Tag waren sie und ihr Ehemann sehr fleißig und plötzlich hatte sie ein Gefühl des Unwohlseins. Sie sagte es ihrem Mann und er hielt bei einem Entbindungsheim, das ganz in der Nähe war. „Ich glaube nicht, daß das Baby jetzt kommt," protestierte sie. „Dies sind keine Wehen."

„Es schadet nicht, wenn wir hier nachsehen lassen," sagte er, „ da wir ohnehin in der Nähe sind."

Und so gingen sie hinein zum Arzt. Er untersuchte sie. Und ganz überrascht sagte er: „Das Baby kommt jetzt."

Sie sagte: „Das kann nicht sein, denn ich habe noch nicht das getan, was ich noch hätte tun sollen." (Zusammen mit ihrem Mann hatte sie einen Schwangerschaftskurs mitgemacht).

Aber der Arzt sagte: „Ich kann ihnen nicht helfen, aber das Baby ist hier."

Als sie es mir sagte, sagte ich nur: „Danke HERR, Danke HERR!"

Wenn ich höre, wie Menschen angeleitet werden zu beten, dann tut es mir für sie leid. Ich habe einen Freund, der um fünf Uhr aufsteht und betet eine Person durch, dann eine andere und noch eine. In der gleichen Zeit habe ich schon alle solche Menschen vor den HERRN gebracht, ohne müde zu sein.

In meiner Lehre spreche ich über die Einfachheit, in Seine Gegenwart zu kommen. Aber selbst wenn wir alles falsch machen, so macht ER jedoch immer alles richtig.

Manchmal kommen Gastredner zu unserem Campmeeting, die uns die einundzwanzig Stufen zum Glauben lehren, oder auch die sieben Wege, um geheilt zu werden etc.. Meine liebe Mutter geht dann oft vor zum Mikrophon und sagt dann die geistigsten Dinge der ganzen Versammlung. Zum Beispiel: „Wir brauchen nicht viel Glauben, um Gott zu berühren." Und das ist wahr. Denn *„ehe sie in die Wehen kam, hat sie bereits geboren."* Ich war darüber so aufgeregt.

Dann flog ich wieder nach Australien. Ich verließ Hong Kong mit Qantas Airways und flog nach Sydney. Wenn der Flug dem Ende zu geht, dann fängst du an, etwas zu lesen. Ich nahm ein Magazin. Es war das australische Magazin „Woche der Frau" (Womans Weekly). Dort haben sie Rezepte, die neuesten Moden und ein oder zwei Liebesgeschichten. In der Mitte dieser Zeitungen war die Schlagzeile „SINGE AUF DEINEM WEG ZU EINER SCHMERZLOSEN GEBURT." Der Artikel war von einem berühmten, französischen Geburtshelfer geschrieben worden. Er sagte, daß er nicht das Singen meinte, das nur vom Munde gesungen wird, sondern er meint das Singen, welches die ganze Persönlichkeit der Frau einschließt. Wenn sie sich voll dem Gesang hingibt, dann kann sie eine Entbindung ohne Schmerzen haben, meinte er.

In Jerusalem gehen unsere werdenden Mütter in ein kleines Entbindungsheim. Die Ehemänner gehen mit und stehen auf der einen Seite ihrer Frau und ich gehe mit und stehe auf der anderen Seite. Wir fangen an, im Geist zu singen. Der moslemische Doktor weiß, daß

## LOBPREIS — IN DER KRIEGSFÜHRUNG

wir dort in anderen Sprachen singen. Wir geben uns voll dem Gesang hin und in einigen Momenten kommt dann das Baby. Und das ist es, was Gott uns wissen lassen möchte.

Wenn wir singen, dann kommen wir nicht in diesen Raum des Abmühens und des Ringens. Warum? Weil die Freude am HERRN einen größeren Glauben in uns freisetzt und dieser Glaube bricht dann durch. In solchen Momenten können wir so viel mehr Glauben für Israel haben und wir werden viel erfolgreicher sein, als in fünf durchgebeteten Nächten - im geistigen Raum des Verstehens.

Wir selbst schaffen die Atmosphäre für Wunder. Der blinde Bartimäus rief nur *„Sohn David's, erbarme dich meiner"* und er war bereits geheilt. Wenn Jesus anwesend ist, dann geschehen viele Dinge ganz leicht. Und Gott will es einfach für uns machen.

Laß niemand anderen das Singen für dich tun. Wenn du im Auto anfangen mußt zu singen, dann fange dort an. Viele von uns verbringen viel Zeit im Auto. Wir stören niemanden. Sondern wir singen einfach. Ich habe einen koreanischen Freund, einen Geschäftsmann, der mich die weite Strecke von Seoul her anruft, wenn er geschäftliche Sorgen hat. Nachdem wir uns begrüßt haben, singen wir zusammen im Geist. Manchmal singen wir zehn bis fünfzehn Minuten.

Wenn wir wirklich durch das Singen „Hochgehoben" sind, dann fängt Gott an, uns die Antworten zu geben. Zuerst muß ER uns jedoch erheben, über alle Probleme, Nöte und Sorgen. Es gibt in Gott eine Leichtigkeit. Wir sind es, die die geistigen Dinge schwierig machen. ER möchte sie einfach machen. Wir möchten, daß der König der Herrlichkeit kommt und unsere Kämpfe für uns kämpft.

Die meiste Zeit sind wir so beschäftigt mit unseren eigenen Kämpfen, daß wir den HERRN einfach nicht für uns arbeiten lassen. Denke daran, daß, als Jehoshaphat auszog zum Kampf, dann standen die Sänger und die Tänzer an der Spitze vor der Armee. Und deswegen, weil die Sänger vor der Armee hergingen, brauchte die Armee nicht einmal zu kämpfen (2. Chronik 20:21-24). Und du wirst nie mehr deine eigenen Kämpfe zu bestehen haben, wenn du in diesem Raum des Lobpreises und der Anbetung hineingehst.

Wir hatten einmal eine ganze Anzahl von Häusern in Israel, wo die Besucher und Pilger wohnten. Und einmal hatten wir eine Schwester, die mit uns wohnte, und die lange fastete. Wir heißen solche Besucher immer willkommen. Das einzige Problem war nur, daß sie nicht mit uns zur Kirche gehen wollte. Und ich möchte niemand haben, der kommt und mit uns fastet, aber dann nicht zur Kirche gehen möchte. Wenn du fastest, dann brauchst du auch die Salbung, die durch den Gottesdienst kommt. Wenn du fastest, ohne in den Gottesdienst zu gehen, dann wird deine Erfahrung schwieriger.

Ich versuchte sie auf alle möglichen Arten irgendwie zu erreichen, aber jedesmal war die Reaktion negativ. Täglich war ich mehr beunruhigt. Eines Morgens im Gebet sagte der HERR zu mir: „Warum läßt du mich nicht damit umgehen?"

## LOBPREIS — IN DER KRIEGSFÜHRUNG

Fast mußte ich lachen. Hat jemand von euch auch schon in so einer Situation mit Gott gelacht? Wir denken, wir haben IHN ohnehin schon handeln lassen. Und ich dachte bei mir, „wenn der HERR bei ihr etwas erreichen kann, dann kann ER es mit jedem."

„In Ordnung, HERR", sagte ich, „du kämpfst den Kampf." Und ich vergaß es. Es gab immer noch andere Probleme, die zur gleichen Zeit aktuell waren.

Als ich in dieser Nacht in die Kirche ging, traf ich an der Tür diese Schwester, die ständig abgelehnt hatte, in den Gottesdienst zu kommen. Sie sprach gleich entschuldigend zu mir. „Ich betete heute", sagte sie „und Gott sprach zu mir, daß mein Geist nicht recht hatte und daß meine Einstellung nicht korrekt war. Es tut mir leid."

Ich dachte: „Wie dumm sind wir eigentlich! Wir glauben, daß wir Gott für uns kämpfen lassen, aber es stimmt garnicht." Je mehr wir singen, desto mehr wird ER unseren Kampf für uns kämpfen!

*LOBPREIS IST EINE MÄCHTIGE WAFFE IN DER GEISTIGEN KRIEGSFÜHRUNG !!*

# LOBPREIS —

# ZUM AUFSTEIGEN

### Du bist wunderbar Jesus

Du bist wunderbar Jesus,
Du bist alles was mein Herz begehrt.
Du bist wunderbar Jesus,
Ich möchte dich nur mehr lieben.
Du bist wunderbar Jesus,
Ich liebe und verehre dich,
Du bist wunderbar Jesus,
Mein wunderbarer Herr.

*„Machet die Tore weit und die Türen in der Welt hoch, daß der König der Ehre einziehe!"*       Psalm 24:9

Du kannst den HERRN preisen, wenn alles um dich herum kalt ist und daran glauben, daß Gott in dir einen Lobpreis bereitet. Wenn ich in das Haus Gottes komme und anfange IHN zu loben und zu preisen, dann muß ich darauf achten, daß ich wirklich aufsteige. Ich gehe auf den Berg des HERRN. Und ich gehe hinauf auf Seine heilige Stätte.

Bist du jemals mit jemanden mitgefahren, der anfängt ohne automatisches Getriebe zu fahren und die Kupplung benutzt, um auf einen Berg zu kommen? (Jerusalem ist auf Bergen gebaut und die meisten unserer Autos haben kein automatisches Getriebe.)

Ich bin mit Menschen gefahren, die die Kupplung noch nicht beherrschen. Und wenn sie dann anfangen, den Berg hinaufzufahren, dann gehen sie etwas hinauf, fallen dann etwas hinunter, dann wieder etwas hinauf und hinunter. Die Fahrt ist dann sprunghaft.

Warst du jemals in so einem Lobpreisgottesdienst? Dann erlebst du geistige „Peitschenhiebe".

Der Leiter im Lobpreisgottesdienst fängt an zu singen und du spürst, wie du hinaufgehst. Dann tut er etwas anderes, vielleicht ändert er den Rythmus, und du gehst dann wieder hinunter. Mit dem nächsten Lied gehst du dann noch höher, dann fällst du wieder etwas zurück. Am Ende des Lobpreisgottesdienstes fühlst du dich nicht gut und erhoben. Dies geschieht, wenn die Leiter des Lobpreises nicht gelernt haben, im Heiligen Geist aufzusteigen.

Manchmal ist es besser, wenige Lieder zu singen. Wenn die Salbung bei einem ganz bestimmten Lied kommt, dann bleibe dabei, bis du wirklich auf den Berg des HERRN gegangen bist. Denn nicht das Lied ist wichtig, sondern die Salbung.

Einige Leiter bestehen darauf, daß manche Lieder zwei- oder dreimal gesungen werden, ohne darauf zu achten, was der Heilige Geist tut. Singe solange, bis du auf dem Berg angekommen bist. Und denke ganz bewußt daran, daß du auf den Berg des HERRN gehst. Höre nicht auf, Gott zu loben und zu preisen, bis du an „SEINER HEILIGEN STÄTTE" bist.

Manchmal stehen wir ungefähr fünfzehn Minuten im Lobpreis. Manchmal braucht es nur zehn Minuten. In anderen Zeiten brauchen wir zwanzig Minuten. Dann brauchen wir vielleicht nur sieben Minuten. Oder du bist so hungrig auf Gott, daß du seinen Berg schon in drei Minuten bestiegen hast. Die Zeit ist nicht immer gleich, aber es gibt immer einen Aufstieg. Es gibt immer dieses hineingehen. Denn wir kommen

**LOBPREIS — ZUM AUFSTEIGEN** 79

von der Welt. Und wir müssen immer sagen „*Laßt uns einziehn' in Sein Tor, mit dem Herzen voller Dank und in Seine Vorhöfe mit Preisen.*" Lobpreis ist das Hineingehen und der Aufstieg auf den Berg des HERRN.

Jerusalem liegt höher als 700 Meter über dem Meeresspiegel. Durch die ganze Schrift steht immer wieder geschrieben, gerichtet an die Stämme Israels - hinaufgehen nach Jerusalem und hinaufgehen in das Haus Gottes. Das „Haus" Gottes war gebaut auf dem „Berge" des HERRN, so daß der „Berg" des HERRN das Gleiche bedeutet wie „Haus" des HERRN oder die „Heilige Stätte".

Im Hebräischen wird das Verb „laalot" (hinaufgehen) immer in Verbindung mit Jerusalem benützt. Es geht keiner hinauf „la-a-lot" in irgendeine andere Stadt auf der Welt, sondern nur nach Jerusalem. Auch wenn andere Städte höher liegen als Jerusalem, man geht nur „hinauf" nach Jerusalem.

Dies soll ausdrücken, daß das irdische Jerusalem bereits das himmlische Jerusalem präsentiert. Und im Lobpreis mußt du dir immer dessen bewusst sein, daß du hinaufgehst an die Heilige Stätte.

> „*Wer darf auf des HERRN Berg gehen und wer darf stehen an seiner Heiligen Stätte?*"
> Psalm 24:3

Die jüngst verstorbene Schwester Jashil Choi, Dr. Cho's Schwiegermutter, war eine gute Freundin. Sie rief mich manchmal von Korea aus an. Wir mußten uns über einen Dolmetscher unterhalten. Ihr englischer Wortschatz bestand aus „Hallelujah", „Danke

Herr Jesus" und zwei oder drei anderen Redewendungen. Sie hatte eine Liste von vier Begriffen, die sein mußten für den „Geist". Ich liebte sie wegen Nr. 4, das war „tue es". Wir können zehn Lobpreis- und Anbetungsseminare besuchen, die besten Noten bekommen und die besten Kassetten darüber haben, den besten Autoritäten in der Welt zuhören, aber wenn wir nicht anfangen „es zu tun", dann würde nichts passieren. Deswegen - tue es. Fange an Gott zu preisen.

Es gab in der Kirche immer Lobpreis, aber wir leben in einer Zeit einer großen und neuen Offenbarung, was den Lobpreis betrifft. Eines Tages aß ich zu Mittag in Australien, zusammen mit Anita Ridge, die Frau von Hr. Don Ridge und ihrer Mutter, Fr. Kliminock, einer lieben Heiligen in Gott, die aus Polen stammte und die den Dienst in Europa zusammen mit Ihrem Ehemann kannte und die begonnen hatte, Pionierarbeit in Australien zu leisten. Eines der vielen Dinge, die ich sie an diesem Tage fragte, war „Was ist der Unterschied zwischen heute und den vorherigen Tagen?"

„Wir hatten noch nicht die Offenbarung über Lobpreis, wie wir sie jetzt haben", sagte sie. „Wir liebten den HERRN und wir beteten, aber heute ist es so viel einfacher, wegen des Lobpreises. Es ist ein anderer Tag. Wir wußten es nicht auf die gleiche Art." Es hat noch nie eine Zeit gegeben, in welcher diese Offenbarung des Lobpreises stärker war - daß wir durch Lobpreis viel schneller in die Gegenwart Gottes kommen.

Viele Menschen hören einen Prediger, der einen ganz speziellen Akzent auf Gebet setzt und sie folgen ihrem Leiter und vergessen Lobpreis und Anbetung. Dann kommt jemand anderes und lehrt einen ganz anderen Aspekt von Gebet. Und dann machen sie es

## LOBPREIS — ZUM AUFSTEIGEN

so, wie dieser lehrt. Wir brauchen ganz einfach eine Kombination aller Aspekte des Gebets. Ich lehre über diese Dinge, die meinem Gefühl nach in den einzelnen Bereichen im Leib Christi fehlen, wo ich gerade diene.

Ich diente in Südindien. Nachdem ich eines Morgens über das Blut Jesu gepredigt hatte, kam ein indischer Bruder zu mir und sagte: „Ich wußte nicht, daß du über etwas anderes als über den Heiligen Geist predigen kannst." Nun, in den Tagen, als er mich predigen hörte, sprach ich zu Menschen, die eine Ausgießung des Heiligen Geistes brauchten. Und so betraf eine Botschaft nach der anderen den Heiligen Geist - die Erfüllung mit dem Heiligen Geist, die Autorität des Heiligen Geistes, der Dienst des Heiligen Geistes und sein Trost etc..

Wenn der HERR einen Dienst aussendet, dann ist er dazu da, um die Lücken auszufüllen und uns aufzurütteln auf dem Gebiet der Nöte. Das heißt nicht, daß Gott nichts anderes zu sagen hat und daß wir alles wegwerfen können, was wir glauben. Wir brauchen die Zusammenstellung von Wahrheiten, daß wir zusammen fließen können, um am Besten Gott zu dienen.

*STEIGE AUF DEN BERG DES HERRN IM LOBPREIS !!*

# ANBETUNG

# ANBETUNG —

# IST DIE NATÜRLICHE

# ERWEITERUNG DES

# LOBPREISES

## Erwecke mein Herz

Erwecke mein Herz,
daß ich dich lieben kann, mein Herr.
Erwecke mein Herz,
daß ich mich dir hingeben kann.
Erwecke mein Herz,
daß ich deine Liebe spüre
und dich wiederlieben kann.

*„Jesus spricht zu ihr: Glaube mir, Frau, es kommt die Zeit, daß ihr weder auf diesem Berge noch in Jerusalem den Vater anbeten werdet. Ihr wißt nicht, was ihr anbetet; wir wissen aber was wir anbeten; denn das Heil kommt von den Juden. Aber es kommt die Zeit und ist schon jetzt, in der die wahren Anbeter den Vater anbeten werden im Geist und in der Wahrheit; denn auch der Vater will solche Anbeter haben.*
*Gott ist Geist, und die ihn anbeten, die müssen ihn im Geist und in der Wahrheit anbeten."*

Johannes, 4:21-24

Jesus sagte seinen Jüngern, daß er nach Samaria gehen müsse. Dort setzte ER sich mit einer Frau an den Brunnen und hatte eine Unterhaltung. Sie stellte IHM viele Fragen. Und ER gab ihr eine der größten Offenbarungen.

Warum sage ich, daß dies eine Seiner größten Offenbarungen war? Es zeigte, was Gott wollte. ER sucht Anbeter. **Wenn du im Bereich der Verherrlichung leben möchtest, dann mußt du Gott anbeten.** Und du mußt IHN mehr anbeten. *„Der Vater will solche Anbeter haben."* Dies möchte ER von allem Irdischen haben.

Diese Offenbarung, die der samaritischen Frau gegeben wurde, wird nun durch den Heiligen Geist dem gesamten Leib Christi offenbart. Gott sucht Anbeter. Wir glauben wahrscheinlich, daß wir immer Anbeter waren. Jeden Sonntagmorgen gingen wir in den

„Anbetungs-Gottesdienst". Wir nahmen teil an der Liturgie oder der sonstigen Gestaltung. Aber es ist möglich, am „Anbetungs- Gottesdienst" teilzunehmen und doch niemals Gott wirklich angebetet zu haben.

Wir schreiben auf die Anschlagtafel der Kirche „Sonntag Früh 11 Uhr - Anbetungs-Gottesdienst". Die Wahrheit jedoch ist, daß wir alles andere tun, als den HERRN in unseren Gottesdiensten wirklich „anzubeten". Einige Herzen sind während unserer Gottesdienste wirklich vollkommen hochgehoben in der Anbetung zum HERRN. Aber Gott sucht nach Anbetern.

Anbetung hilft uns, über viele Frustrationen - egal ob geistig oder natürlich, hinwegzukommen. Durch die Anbetung Gottes kommen wir auch in die Ganzheit von Körper, Seele und Geist. Gott verfeinert unser Verstehen der wahren Anbetung. Wahre Anbetung kommt vom Herzen, in Liebe und Verehrung gegenüber dem HERRN.

Während der sechziger und siebziger Jahre, brachte der Heilige Geist immer mehr die Botschaft des Lobpreises hervor. Und Lobpreis ist unentbehrlich. Er ist das Mittel, um in die Gegenwart des HERRN hineinzugehen. Wir gehen ein zu Seinen Toren mit Singen und in Seine Vorhöfe mit Lobpreis. Lobpreis ist der Einstieg. Aber wie es in der Vergangenheit war, wenn wir einmal „hineingingen", dann wußten wir oft nicht, wie es weitergehen sollte. Entweder taten wir nichts oder wir änderten die Gottesdienstordnung.

Es ist so ähnlich wie bei einem Besuch im Weißen Haus, um den Präsident zu treffen. Du hast alle

**IST DIE ERWEITERUNG DES LOBPREISES** **89**

Anstrengungen gemacht, um dort hinzukommen und die Erlaubnis über alle möglichen Stellen bekommen. Wenn du dann alles hast, dann fährst du zum Weißen Haus und bemerkst als erstes die Schönheit des Eingangs. Dann wirst du im Büro angemeldet. Und dann siehst du dich etwas um und sagst: „Jetzt ist es in Ordnung, wir können wieder heimfahren. Ich wollte nur sehen, wie es aussieht."

Würdest du wirklich wieder aus dem Weißen Haus herausgehen, ohne die Gelegenheit genützt zu haben, den Präsidenten zu sehen? Und genau das machen wir mit Gott. Wir bemühen uns in Seine Gegenwart zu kommen. Wenn wir jedoch dann in Seiner Gegenwart sind, dann sehen wir uns um und sagen „Das war jetzt schön. Auf Wiedersehen - bis zum nächsten Mal". Warum sind wir dann eigentlich gekommen? Ist es nicht deshalb, weil wir den König der Herrlichkeit in all Seiner Majestät anbeten wollen?

Der HERR zeigt uns, daß es keinen speziellen Platz gibt, an dem wir IHN anbeten sollen. „Gotteshäuser" gibt es, und das ist gut. Ich liebe es, Gott anzubeten in einer Kirche, in einem speziellen Anbetungsraum, einem Platz, der dazu bestimmt ist, um wirkliche Anbetung zu ermöglichen.

Momentan beten wir in unserem Haus in Jerusalem an. Die Herrlichkeit kommt dort. Wenn ich die Wahl hätte, so würde ich einen eigenen Platz vorziehen, der ganz speziell dem HERRN geweiht ist. Dies mag denen widersprechen, die sich dafür einsetzen, in den Häusern Gott anzubeten. Aber das Wesentliche ist ja nicht der Platz, an dem wir anbeten. Denn ein Herz, das Gott begegnen möchte, kann IHN überall treffen und auch zu jeder Zeit. Du kannst IHM im Flugzeug begegnen, genauso wie an deinem Schreibtisch im Büro.

Die Meisten von uns verbringen nur sehr wenig Zeit in der Gegenwart des HERRN. Natürlich beten wir für die Nationen und wir bitten Gott ebenfalls, daß ER Seine Diener segnet. Wir beten für unsere Kirchen-Aktivitäten. Wir glauben auch, „daß die Menschen von der Straße" gerettet werden. Aber wenn es zu IHM - und IHM ganz allein kommt, dann haben wir gerade keine Zeit.

Der HERR will Menschen haben, die IHN anbeten. Was tun wir durch die endlosen Zeiten der Ewigkeit? Wir sind dazu geschaffen, IHN zu preisen, anzubeten und IHN zu erheben. Und laßt uns jetzt damit anfangen.

Ich sehe den Unterschied zwischen Lobpreis und Anbetung während der Palmsonntag-Prozession. Ich mache es genauso überschwenglich wie die anderen und lege meinen Mantel vor dem HERRN hin, damit ER darüber reiten kann. Wir nehmen uns Palmzweige und winken mit ihnen und streuen sie vor IHM auf den Weg. Wir rufen dann mit der gesamten anwesenden Menge: „Hosianna! Hosianna! Gesegnet ist, der da kommt, im Namen des HERRN." Das ist Lobpreis.

Ganz plötzlich blicke ich auf die Stelle, wo ein kleiner Esel auf dem Palmsonntag-Weg geht. Er geht weiter auf dem Weg, bis er direkt vor mir steht. Und dann hält er. Und Jesus, der König der Könige und HERR der Herren sitzt auf diesem kleinen Esel. ER sieht mich an. Und ER sagt „Ruth, ich liebe dich". Dann strömen Tränen über meine Wangen.

Dann winke ich nicht mehr mit meinen Palmzweigen und rufe „Hosianna". Dann beuge ich mich anbetend und sage „Mein Herr und mein Gott". Es scheint so, als ist keine Menschenmenge mehr anwesend. In Wahrheit ist die Menschenmenge jedoch weiterhin da. Andere winken immer noch mit den Palmzweigen und rufen immer noch „Hosianna!" Aber ich habe alles um mich herum vergessen.

ER sieht mich an, und es ist so, als ob alle Liebe der ganzen Ewigkeit in meine Seele gelegt wird. Und in diesem Moment weiß ich, wie sehr ER mich liebt. Ich erkenne Seine Majestät in einer Art, wie ich sie noch nie kennengelernt hatte. Niemand muß mir sagen, daß ER der König ist. Ich weiß es und ich bete IHN an, beuge mich vor IHM und erkenne Seine Majestät und Seine königliche Stellung.

Anbetung heißt, daß du ganz mit Gott weggehst. Inmitten der belebtesten Straße der Stadt, im vollen Restaurant und inmitten der größten Aktivitäten des Tages findest du kurze Momente, um mit Gott allein zu sein. Gott sei Dank kann es viele Momente den ganzen Tag über geben, wenn du und Gott ganz einfach allein bist. Sogar wenn viele Dinge um dich herum geschehen, so kannst du dich doch im HERRN einschließen.

Vor einigen Jahren hatte einer unserer Brüder eine Vision, daß Menschenmassen dem Throne Gottes näherkommen. Diese Menschenmassen kamen aus allen Nationen der Welt und standen im Lobpreis. Er wunderte sich, ob es für ihn überhaupt noch einen Platz vor dem Thron geben würde. Aber dann sah er, daß er immer näher kam. Und als er beim Thron war, dann fiel er nieder in der Anbetung und Verehrung des HERRN. Er sah kurz um sich und war sich nur bewußt, daß niemand sonst dort war. Es war nur er und der HERR.

Wie wird es sein, wenn wir dort sein werden und unter der Menge stehen werden? So wird dann wahre Anbetung sein. Viele andere werden dort sein, aber du weißt nicht, daß sie dort sind. Denn du bist dort mit dem HERRN allein.

Der HERR zeigte mir, wie einfach Anbetung ist. In pfingstlichen Kreisen haben wir, als ich ein Kind war, schon erlebt, was allgemein als „Höhepunkt in Zion" genannt wird. Wir hatten Gottesdienste, wo die Anwesenheit und die Herrlichkeit des HERRN sichtbar und spürbar war. Danach fragten wir uns, wie wir es wieder erreichen könnten. Wir waren uns nicht sicher.

Ich diente in England und bereitete ein Treffen in der Royal Albert Hall in London vor, das von Lady Astor gefördert wurde. Als ich in einer Pfingstgemeinde eine Nacht über Lobpreis und Anbetung lehrte, erlebten wir eine wunderbare Begegnung mit Gott. Danach sagte der Pastor zu mir: „Schwester Ruth, nur eines macht wir wirklich Sorgen: wie können wir dies wieder erleben?"

Ich denke, daß dies jeder Pastor schon oft erlebt hat. Und auch jeder Chorleiter kennt dieses Gefühl. „Wir waren heute so erfolgreich. Dieses Lied war wirklich

## IST DIE ERWEITERUNG DES LOBPREISES

gesalbt. Wir standen in der Gegenwart Gottes! Können wir dies das nächste Mal wieder erleben?" Weil ein ganz bestimmtes Lied im Gottesdienst letzte Nacht besonders gesalbt war, versucht der Lobpreisleiter das gleiche Lied wieder genauso anzustimmen, aber es funktioniert nicht. Gott läßt diese Dinge geschehen, weil ER uns zeigen möchte, daß Seine Herrlichkeit nicht in einem Lied ist. Diese Herrlichkeit ist Seine Gegenwart. Wenn ein Pastor einen ganz bestimmten gesegneten Gottesdienst hatte, wird er oft probieren, den gleichen Weg das nächste Mal wieder zu gehen. Und es funktioniert nicht.

Nun, Gott lehrt uns die Geheimnisse und Sein Muster der Anbetung. Und wenn wir uns in Sein Muster hineinlegen, dann ist es egal, welches Lied wir auch singen, es wird uns die Gegenwart Gottes bringen. Wir können die Herrlichkeit des HERRN in jedem Gottesdienst erleben.

Eines der ersten Geheimnisse der Anbetung ist, den Unterschied zum Lobpreis zu kennen. Wenn ich den HERRN lobpreise, dann *will* ich IHN preisen. Wenn ich in das Haus des HERRN komme, dann gebe ich meine Lippen hin zum Lobpreis. Aber ich *will* nicht von vornherein anbeten. Der Geist der Anbetung kommt in einem Treffen und kommt direkt auf dich.

Es hilft auch, Lieder zu singen, die nicht kompliziert sind. Wirklich geistige Dinge sind einfach. Wenn du zuviel an den Text denken mußt, dann bist du zu sehr mit deinen Gedanken beschäftigt. Dein Geist kann nicht aufsteigen. Wir möchten, daß unser Geist wirklich aufsteigt, während die Salbung zunimmt.

Benütze eine einfache Liedzeile. Mach dir keine Sorgen über die Schönheit der Worte und über die Ideen. Denke an nichts Kompliziertes. Überlasse das komplizierte Singen dem Chor. Lasse die Gemeinde mit aller Einfachheit Gott loben und preisen, IHN anbeten und erheben und dann können wir uns alle wirklich in der Anbetung verlieren.

Leinwand-Projektoren sind ein Segen für Besucher, die nicht wissen, wie die Lieder genau gesungen werden. Wenn eine Gemeinde jedoch immer noch die Leinwand braucht, dann ist die Musik zu kompliziert für die wirkliche Anbetung. Wenn du dann einfachere Lieder singst, dann wird der Geist der Anbetung kommen.

Es gibt immer mehr schöne Lobpreis- und Anbetungslieder im Leib Christi als jemals zuvor. So eine Vielfalt. So eine breite Auswahl. Benutze sie, um in den „Geist der Anbetung" hineinzukommen.

Ich erlebe es, wenn es auf meine Schultern fällt oder ich mich in die Tiefe des Geistes hineinbewege. Wenn ich dies tue, dann muß mir niemand sagen „Bete Gott an". Sogar wenn wir die schnellsten Lieder singen, dann wird mein Geist ganz langsam und ich bin mir vollkommen bewußt, daß ich mit dem HERRN allein bin. Es ist nur noch ER und ich - und ich bete IHN an.

Wenn der Lobpreisleiter spürt, daß die Salbung zu dem Punkt kommt, daß der Geist der Anbetung fällt, dann sollte er ganz schnell ein kleines Anbetungslied anstimmen. Es sollte weniger Worte haben als der Lobpreis. Wenn du anbetest, dann mußt du nichts Großes sagen. Ihr Damen mögt euch über alles mit euren

## IST DIE ERWEITERUNG DES LOBPREISES

Ehemännern unterhalten - über die Kinder, die Rechnungen und anderen Dingen des täglichen Lebens. Aber dann, wenn ihr einen zärtlichen Moment habt, dann, und dessen bin ich ganz sicher, dann sind eure Worte nur wenig und sie kommen von Herzen.

Nun sprecht ihr nicht mehr über Rechnungen. Ihr sprecht nicht mehr über eure Probleme. Ihr redet nicht mehr über Einkäufe. Und ihr redet nicht mehr darüber, wie es euren Kindern auf der Schule geht. Ihr erfreut euch darüber, daß ihr beisammen sein könnt. Und genauso muß es uns gehen, wenn wir den HERRN anbeten.

Durch den Lobpreisdienst wächst die Salbung im Gottesdienst. Und es wächst die Salbung im Einzelnen. Aber erst die Anbetung bringt die Herrlichkeit, die Gegenwart Gottes. Lobpreis bringt die Salbung zur Anbetung und die Anbetung bringt die Salbung, um in die Herrlichkeit des HERRN zu kommen.

Und genauso, wie wir Gott solange preisen müssen, bis die Anbetung kommt, müssen wir dann auch Gott solange anbeten, bis die Herrlichkeit kommt. Preise Gott solange, bis die Anbetung kommt und wenn du dann eine große Tiefe der Anbetung erreichen möchtest, dann mußt du auf die höchsten Höhen des Lobpreises hinaufsteigen, welche dich dann befähigen, auf die höchste Höhe des Berges hinaufzugehen.

Manchmal, wenn wir erst ein Viertel des Weges auf den Berg hinter uns haben, dann sagen wir „Wir wollen jetzt ein Anbetungs-Lied singen". Und wir singen es. Wir benützen die Worte, aber betet unser Herz wirklich an? Wir versuchen den HERRN anzubeten, bevor wir die eigentlich Atmosphäre der Anbetung erreicht haben.

Zu anderen Zeiten kommt dann diese Atmosphäre so einfach. Wir weinen vor dem HERRN. Wir beten IHN in der Tiefe an. Wir fühlen Seine Majestät. Wir fühlen, daß ER der König ist.

Mit jeder Bewegung von Gott kommt Lobpreis. In der Vergangenheit hatten wir wenig Anbetung im Vergleich mit dem Lobpreis. Das wird sich ändern, wenn die Erweckung wächst. Wir werden weniger im Lobpreis stehen und den HERRN mehr anbeten.

Als wir anfingen, ein neues Lied zu singen, auch ganz spontan, lernten wir viel. Dadurch lernten wir sehr viel über unsere Beziehung zu Gott. Wir bemerkten, daß es für uns einfacher war, eine Phrase zu benutzen, wo ein Verb enthalten war. „Der HERR heilt; ER rettet; ER tauft; ER tröstet; ER sorgt für uns; ER ernährt uns. Aber in der Anbetung sehen wir nur auf die Person Gottes, *wie* ER ist und nicht *was* ER für uns tut. Als wir versuchten, IHN anzubeten ohne Verben zu benutzen, fanden wir heraus, daß wir viele stille Zeiten hatten. Und so gingen wir wieder zurück zu unseren üblichen Lobpreisliedern mit Verben (ER rettet, ER heilt etc.). Und dadurch gingen wir wieder zurück in die Gegenwart Gottes um zu sehen, was ER uns zeigen würde. Es dauerte eine ganze Weile, bis wir gelernt hatten, die *PERSON* Gottes anzubeten.

Wenn deine Beziehung zu deinem Mann darauf aufgebaut ist, daß er vieles tut, z.B. den Abfalleimer leert, das Auto fährt und andere bestimmte Pflichten hat, dann ist das keine richtige Beziehung. Und das geschieht mit vielen Verheirateten.

Im Vergleich dazu sagen viele Ehemänner von ihren Frauen „Sie ist eine wunderbare Köchin. Sie macht den Haushalt einfach prima. Sie kümmert sich sehr gut um die Kinder." Aber, hat sie vor der Heirat auch schon die Mahlzeiten gekocht? Hat sie schon den gesamten Haushalt gemacht? Hat sie auf die Kinder schon aufgepaßt? Warum hast du dich dann in sie verliebt?

„Nun, sie hatte so schöne blaue Augen."

Hast du vergessen, daß sie diese schönen blauen Augen immer noch hat?

„Sie hatte dieses besondere Lächeln."

Hast du vergessen, daß sie immer noch so lächelt?

„Es war so ein wundervoller Glanz um ihre Persönlichkeit."

Aber auch Frauen vergessen, warum sie sich in ihren Ehemann verliebt haben.

„Oh, es war die ganze Art, wie er dastand. Er war so ganz besonders. Ich konnte seine Stärke fühlen." Und das dachte sie von ihm, bevor sie ihn heiratete. Und danach denkt sie nur noch an das, was er tut. Und er denkt nur noch, was sie tut.

Und so ist es mit unserer Beziehung mit dem HERRN. Als wir IHM zuerst begegneten, hatte ER noch nichts für uns getan, dessen wir uns bewußt waren. Aber wir erkannten, daß ER wunderbar war. Viele Neubekehrte sagen deshalb auch sehr oft „Ich liebe den HERRN mit meinem ganzen Herzen."

Wenn wir dann schon eine Weile gerettet sind, denken wir etwas anders: „ER hat mich gerettet. ER hat mich mit dem Heiligen Geist erfüllt. ER heilt mich, wenn ich krank bin." Aber was ist dann mit Seiner Person? „Ich brauche IHN, um meine Rechnungen zu bezahlen, ER gab mir das Geld." Aber was ist mit Seiner *Person*?

Unser Lobpreis läßt sich durch Verben leiten. Wir vergessen, *WER ER* ist. Als wir uns in IHN verliebten, ohne IHN genau zu kennen, sollte dann das IHN zu kennen nicht eine viel größere Liebesbeziehung und Anbetung bringen? Die Engel im Himmel beten IHN an und sind doch niemals erlöst worden. Sie beten Seine Person an. Sie beten IHN an, weil sie IHN kennen, und nicht weil sie gerettet, geheilt oder mit dem Heiligen Geist erfüllt sind.

Ich möchte es nicht gering achten, wenn wir Gott dafür loben und preisen, was ER für uns getan hat. Wir sollten dies wirklich nicht versäumen. Ich möchte nur ganz besonders betonen, daß Gott möchte, daß wir IHN kennen, der da war und der da ist und der sein wird, daß wir Seine Gegenwart fühlen und in Seine Gegenwart hineinkommen auf so einem Weg, daß wir IHN anbeten in all Seiner Schönheit und Heiligkeit auf Seinem Heiligen Berg. Sein Wille für uns ist, daß wir vor allem anderen, wirkliche Anbeter sind.

Als ich in England war, wurde ich von einem Mann interviewt, der im Englischen Parlament gearbeitet hatte, zum Europäischen Parlament reiste und auch andere Parlamente einzelner europäischer Länder besuchte. Als er gehört hatte, was Gott für mich getan hat, fragte er mich: „Was wünschen Sie sich für die Zukunft?"

**IST DIE ERWEITERUNG DES LOBPREISES**

Ich dachte, daß er über das bevorstehende Treffen in der Royal Albert Hall sprach. Und so antwortete ich: „Wir glauben, so wie die Menschen kommen werden und ihre Stimmen im Lobpreis erheben und im Heiligen Geist anbeten werden, daß dann eine große Wolke der Herrlichkeit über die Royal Albert Hall kommen wird, über ganz London und über ganz England. Wir glauben, daß dies die ganze Nation segnen und daß eine Erweckung daraus kommen wird." "Nein, nein", sagte er. „Ich fragte Sie nicht für Ihre Wünsche, was dieses Treffen angeht. Ich möchte gerne wissen, was Sie persönlich für Wünsche haben? Sie haben so wunderbare Erlebnisse gehabt und haben so viele wunderbare Menschen getroffen" (und er zählte einiges auf).

„Ich möchte nur ein Anbeter sein", sagte ich IHM, „und ich möchte, daß Gott mir die Fähigkeit gibt, diesem Wunsch nach Anbetung in anderen Menschen zu erwecken."

Und so meine ich es. Wenn der Vater Anbeter sucht, dann mußt du und ich in unserem Herzen auch den Wunsch tragen, den Vater im Geist und in der Wahrheit anbeten zu wollen. Laß keinen Tag vorbeigehen, ohne IHN angebetet zu haben.

In der charismatischen Bewegung, vor allen Dingen in der protestantisch-charismatischen Bewegung, gibt es wunderbaren Lobpreis, aber die Meisten von uns sind keine starken Anbeter. Die Katholiken wissen anzubeten, aber sie haben keinen guten Lobpreis. Sie müssen erst lernen, Gott zu preisen. Und wir müssen lernen, IHN anzubeten. Wenn sie lernen, IHN zu preisen und wir lernen, wie wir IHN anbeten müssen, dann werden wir in einer ganz extremen Stärke hervorkommen.

Es ist die Anbetung, die dann die Herrlichkeit Gottes hervorbringt und Gottes größter Wunsch ist, daß die *„Erde voll wird von der Erkenntnis der Ehre des HERRN, wie Wasser das Meer bedeckt."* Die Herrlichkeit kommt herab wie Schnee. Die Lobpreiser stehen im Lobpreis, solange, bis der Geist der Anbetung herunterkommt. Die Anbeter beten solange an, bis die Herrlichkeit des HERRN offenbart ist.

Wir können diese Herrlichkeit in unsere Stimmen bringen. Wir können diese Herrlichkeit in unsere Gottesdienste, in unsere Häuser, in unsere Gemeinschaften, in unsere Städte und in unsere Stimmen bringen. Zuerst geben wir unsere Stimmen im Lobpreis hin, dann geben wir unsere Stimmen für die Anbetung und letztlich lassen wir die Herrlichkeit des HERRN in uns offenbar werden.

Meine Mutter stand in der Mitte eines Morgengottesdienstes auf, den ich im Campmeeting 1989 in Virginia leitete und begann zu prophezeien. Sie hatte eine Vision der großen letzten Erweckung. Gott zeigte ihr, daß diese letzte Erweckung größer sein würde, als alles was wir erlebten seit der Kreuzigung und der Auferstehung. Das ist doch wunderbar! Größer als Azusa Street. Größer als 1948. Größer als Pfingsten selbst. Pfingsten war die erste Frucht. Ich glaube, daß wir am Rande dieser Erweckung stehen, am Anfang dieses großen Tages Gottes. Der Weg um für diese Erweckung

**IST DIE ERWEITERUNG DES LOBPREISES**

vorbereitet zu werden, ist nur durch Lobpreis und Anbetung.

Es gibt kein Buch, das aussagt, was Gott genau tun wird. Niemand war vor uns auf diesem Weg und kann uns sagen „Geh jetzt nach rechts, dann nach links und dann gehe geradeaus." Wir werden dann wissen, wo wir nach rechts einbiegen müssen, wenn wir gelernt haben, in Seinem Geist immer Seine Gegenwart zu erleben, mit IHM in guter Gemeinschaft zu sein, vertrauensvoll und mit Leichtigkeit.

*BETE IHN AN !*

# BETET DEN KÖNIG AN —

# MAJESTÄT

# Ich möcht' so gern Herr dein Gesicht sehen

1.
Ich möcht' so gern Herr dein Gesicht sehen,
Und es wird nicht mehr so lange sein.
Jahrelang kannt' ich dich nur wenig,
Doch deine Fülle, werd' ich bald sehn'.

Refrain:
Dein herrliches Gesicht, betrachte ich,
Deine Majestät entfaltet sich.
Und vor dir Herr, werd' ich dann stehn',
Neu gemacht, durch deine Hand.

2.
Berührt von den durchbohrten Händen,
Fühlt' ich die Nähe, denn du warst da.
Ich ging im Glauben, als ich dich nicht sah,
Doch bald wird die Erscheinung klar.

Refrain: Dein herrliches Gesicht...........

3.
Ich fühlt' die Macht, die mich gerettet,
Ich nahm den Segen, den du mir gabst.
Du liebtest mich, wenn andere mich verließen,
Doch deine Fülle, werd' ich bald sehn'.

Refrain: Dein herrliches Gesicht............

*„Wer ist der König der Ehre? Es ist der HERR, stark und mächtig, der HERR, mächtig im Streit."*
Psalm 24:8

Wenn wir anfangen anzubeten, dann haben wir die ersten Visionen von den Füßen des HERRN. Visionen fangen oft bei Seinen Füßen an. Und wenn wir Seine Füße sehen und an Seinen Füßen anbeten und Seine Füße mit unseren Tränen waschen und Seine Füße mit Öl salben; dann fangen wir an, an Seinem Thron anzubeten. Wir fangen an, IHN kennenzulernen in Seiner königlichen Position.

> *„Alsbald wurde ich vom Geist ergriffen. Und siehe, ein Thron stand im Himmel und auf dem Thron saß einer. Und der da saß war anzusehen wie der Stein Jaspis und Sarder; und ein Regenbogen war um den Thron, anzusehen wie ein Smaragd.*
> *Und um den Thron waren vierundzwanzig Throne und auf den Thronen sassen vierundzwanzig*

*Älteste, mit weißen Kleidern angetan und hatten auf ihren Häuptern goldene Kronen.*
*Und von dem Thron gingen aus Blitze, Stimmen und Donner; und sieben Fackeln mit Feuer brannten vor dem Thron, das sind die sieben Geister Gottes. Und vor dem Thron war es wie ein gläsernes Meer, gleich dem Kristall und in der Mitte am Thron und um den Thron vier himmlische Gestalten, voller Augen vorn und hinten.*
*Und die erste Gestalt war gleich einem Löwen und die zweite Gestalt war gleich einem Stier, und die dritte Gestalt hatte ein Antlitz wie ein Mensch, und die vierte Gestalt war gleich einem fliegenden Adler. Und eine jede der vier Gestalten hatte sechs Flügel, und sie waren außen und innen voller Augen und sie hatten keine Ruhe Tag und Nacht und sprachen: Heilig, heilig, heilig ist Gott der HERR, der Allmächtige, der da war und der da ist und der da kommt.*
*Und wenn die Gestalten Preis und Ehre und Dank gaben dem, der auf dem Thron saß, der da lebt von Ewigkeit zu Ewigkeit, fielen die vierundzwanzig Ältesten nieder vor dem, der auf dem Thron saß und beteten den an, der da lebt von Ewigkeit zu Ewigkeit, und legten ihre Kronen nieder vor dem Thron und sprachen:*
*HERR, unser Gott, du bist würdig, zu nehmen Preis und Ehre und Kraft; denn du hast alle Dinge geschaffen, und durch deinen Willen waren sie und wurden sie geschaffen."* Offenbarung 4:2-11

## BETET DEN KÖNIG AN — MAJESTÄT

Johannes sah das Volk Gottes immer wieder als Anbeter. In diesem Teil sah er die Lebenden Gestalten Gott anbeten. Er sah die vierundzwanzig Ältesten ihre Kronen niederlegen vor Gott. Sie beteten an. Er hörte sie singen: *„Du bist würdig, zu nehmen Preis und Ehre und Kraft."*

Und zum Schluß, im letzten Kapitel sagte Johannes: „Und ich, Johannes, bin es, der dies gehört und gesehen hat. Und als ich's gehört und gesehen hatte, fiel ich nieder, um anzubeten zu den Füßen des Engels, der mir dies gezeigt hatte.

*Und er spricht zu mir: Tu es nicht! Denn ich bin dein Mitknecht und der Mitknecht deiner Brüder, der Propheten, und derer die bewahren die Worte dieses Buches. Bete Gott an!"*

Offenbarung 22:8-9

Nachdem er in die Gegenwart des HERRN gekommen war und bereits gesehen hatte, was in der Zukunft sein würde, nachdem er die größten Einblicke bekommen hatte, größer als jeder andere Mann seiner Generation, erhielt Johannes die einfache Botschaft *„Bete Gott an!"*

Zu dieser Zeit hatte er die höchste Stufe in der Offenbarung bereits erreicht. Warum dann die einfache Botschaft *„Bete Gott an"*? Nach all diesem, etwas so grundlegendes. Beten wir denn Gott nicht bereits an? Wir vergessen meistens, daß Gottes Botschaft in der Einfachheit liegt, in der wir IHN anbeten.

ER ist bereit, uns durch den Heiligen Geist zu lehren, wie wir wirkliche Anbeter werden. ER möchte uns den Heiligen Geist immer mehr senden, um uns einen größeren Raum zu geben und damit es immer besser wird, was wir IHM als unser Opfer darbringen.

Eines Tages werden sich alle Nationen in Jerusalem versammeln, um Gott anzubeten, den König der Könige und Herr der Herren. An diesem Tag möchte ich dort sein.

Die Aktivitäten, die Johannes bezeugte, waren *„um den Thron herum", „vom Thron ausgehend", „vor dem Thron"* und *„in der Mitte des Thrones"*.

Die meisten Christen kennen nur eine Schriftstelle über den Thron Gottes. Wenn du sie fragst, eine Stelle zu nennen, dann antworten sie mit Hebräerbrief 4:16

*„Darum laßt uns hinzutreten mit Zuversicht zu dem Thron der Gnade, damit wir Barmherzigkeit empfangen und Gnade finden zu der Zeit, wenn wir Hilfe nötig haben."*

Besonders zur Gebetszeit sagen wir: „Laßt uns hinzutreten mit Zuversicht zu dem Thron der Gnade und laßt uns unsere Wünsche und Bitten vor IHN bringen." Wir orientieren uns immer an unseren Bitten und Wünschen. Der Raum um Gott ist so groß, daß, sogar wenn du mit Dutzenden von Bitten gekommen bist, du dann nach der Anbetung, wenn der HERR dich fragt: „Gibt es etwas, was du von mir möchtest?" du antwortest: „Nichts, HERR."

## BETET DEN KÖNIG AN — MAJESTÄT

„Gab es nicht irgend etwas, was du dir erbitten wolltest?"

„Nichts, HERR!" Keine Fragen, keine Bitten und keine Wünsche.

Alles wurde zufriedengestellt.

In Seiner Gegenwart sind die Dinge, die uns so groß erschienen, ganz einfach unbedeutend. Wir wundern uns darüber, daß wir dem Teufel so viel Raum gegeben haben, unwichtige Dinge so wichtig erscheinen zu lassen und so sehr zu vergrößern.

Wenn wir in Gottes Gegenwart sind, werden die Dinge, die sonst so unwichtig sind, wichtig. ER zeigt uns Seine wirklichen Sorgen. ER läßt uns wissen: „Ich sorge mich um Israel. Israel steht nicht am Ende meiner Liste. Ich denke auch an China. Du solltest es an die Spitze deiner Liste stellen."

Die größten wirklichen Veränderungen kommen durch die Anbetung. Wenn du verändert sein möchtest - Anbetung ist der Schlüssel. Wenn du anbetest, siehst du in Sein Gesicht und du wirst geändert von Herrlichkeit zu Herrlichkeit. Wir werden genauso, wie das was wir anschauen. Wir werden so wie der, den wir anbeten.

Ich kann mich hinsetzen und ein Buch über Heiligkeit lesen und ich werde wahrscheinlich ein Konzept entwickeln können. Aber ich bete für 1 Minute an und fühle Seine Heiligkeit und weiß, was es ist. Und nicht allein das, ich kann die Heiligkeit studieren und währenddessen sogar ärgerlich werden; aber ich bete an und wünsche mir, so zu sein, wie ER ist.

*„Und der König David stand auf und sprach: Hört mir zu, meine Brüder und mein Volk! Ich hatte mir vorgenommen, ein Haus zu bauen als Ruhestätte für die Lade des Bundes des HERRN und für den Schemel der Füße unseres Gottes, und hatte mich angeschickt, es zu bauen."*

1. Chronik 28:2

Der Platz der Anbetung ist der Fußschemel Gottes.

*„Wir wollen in seine Wohnung gehen und anbeten vor dem Schemel seiner Füße."*

Psalm 132:7

Einige Menschen sind noch nicht im Lobpreis, weil ihr Wille gegen die Erweckung des Lobpreises war, die wir in den letzten dreißig Jahren erlebt haben. Aber Gott wird sie in den Lobpreis hineinbringen. Einige Menschen sind noch nicht in die Offenbarung der Anbetung hineingekommen, die ab den achtziger Jahren stattfindet. Der HERR wird sie lehren. Und einige von uns wollen die Herrlichkeit des HERRN sehen und sind hungrig danach. Gottes Herrlichkeit zu erleben - das ist die Offenbarung der neunziger Jahre. Wir sind bereit, am Fußschemel Gottes anzubeten.

Bei jedem Gottesdienst brauchen wir Lobpreis und Anbetung. Wir singen im Lobpreis bis der Geist der Anbetung kommt. Wir beten solange an, bis Seine Herrlichkeit sichtbar wird. Lobpreis bringt eine stärkere Salbung. Aber Anbetung bringt die Majestät Gottes in die Mitte Seines Volkes. Lobpreis ist mehr überspru-

## BETET DEN KÖNIG AN — MAJESTÄT

delnd und hat mehr Worte. Anbetung hat eine gewisse heilige Ruhe, und hat weniger Worte, manchmal auch keine Worte. Manchmal schütten wir in völligem Schweigen unser Herz vor Gott aus.

Der vierundzwanzigste Psalm sagt *„Daß der König der Ehre einziehe"*. Nachdem du die Tore weit und die Türen hoch gemacht hast, kann der König der Ehre einziehen. Von wem spricht der Psalm? Dies ist ganz klar: *„Es ist der HERR, stark und mächtig, der HERR, mächtig im Streit."* Wenn wir IHN preisen und anbeten, dann kommt ER herein.

Wir kennen IHN als Retter. Wir kennen IHN als Heiler. Wir kennen IHN als Täufer im Heiligen Geist. Wir kennen IHN als Versorger, Jehovah Jireh und auch ganz anders. Und jetzt ist die Zeit, IHN als den König der Herrlichkeit kennenzulernen.

Jede Erfahrung mit Gott hat einen Zweck und der Zweck ist es, IHN zu kennen.

Wir leben durch Glauben, total abhängig von Gott, was unsere täglichen Nöte angeht, nicht weil wir keinen anderen Weg finden könnten, um uns zu finanzieren. Wir könnten schon. Aber wir leben durch Glauben, weil wir IHN als Versorger kennen möchten. Wir möchten die immerwährende Sicherheit, daß ER über allen Affären unseres Lebens wacht.

Wenn wir IHM als Heiler vertrauen, dann ist es nicht, daß wir keine anderen Möglichkeiten hätten. Es gibt andere Möglichkeiten. Aber wir möchten IHN als Heiler kennen.

Und jetzt möchten wir IHN als den König der Herrlichkeit kennen. In diesem großen Bild, das du im Buch der Offenbarung sehen kannst, kommt der König der

Herrlichkeit für Seine herrliche Kirche. ER kommt für eine Kirche, die IHN als den HERRN der Herrlichkeit kennt. ER kämpft unsere Kämpfe. ER ist der HERR der Heerscharen, mächtig im Kampf. Nur im Raum der Herrlichkeit erleben wir, daß der HERR alle Kämpfe für uns kämpft.

*"Und er hatte sieben Sterne in seiner rechten Hand, und aus seinem Munde ging ein scharfes, zweischneidiges Schwert und sein Angesicht leuchtete, wie die Sonne scheint in ihrer Macht."*
Offenbarung 1:16

Gebe IHM die Kämpfe und Probleme. ER ist fähig, damit umzugehen. Kenne den König in Seiner Macht.

Kanada hat eine sehr enge Beziehung zu England. Paul, der kleine Sohn von Pastor Lucas in Calgary ist an der königlichen Familie sehr interessiert. Er hat die Familie genau studiert. Jeden Geburtstag und jedes Weihnachten bekommt er von seinen Eltern einen anderen Kalender, wieder das Neueste der königlichen Familie, verschönt mit ausgezeichneten Photos. Dies ist teuer, aber seine Vorliebe ist so groß, daß seine Eltern ihn nicht enttäuschen möchten.

Wir haben ein noch größeres Privileg. Es ist uns geschenkt, den König der Herrlichkeit zu kennen und auch Sein Königreich zu kennen. Wir können auch alles wissen, was zu dem König und Seinem Königreich gehört. Du kannst dich ganz vertraut fühlen mit den Palästen im Himmel und den Vorhöfen des HERRN, genausosehr wie eine Person in England sich vertraut

## BETET DEN KÖNIG AN — MAJESTÄT

fühlt mit dem Buckingham Palast, Windsor Castle und Balmoral, der Sommerresidenz der königlichen Familie. Es ist uns geschenkt, das Geheimnis des Königreiches Gottes kennenzulernen.

Sehr oft, wenn wir über die Schlüssel des Himmelreichs (Königreichs) sprechen, dann werden wir aktiv. Und es ist wahr, daß diese Schlüssel des Königreichs wirklich Taten hervorbringen:

*„Alles, was du auf Erden binden wirst, soll auch im Himmel gebunden sein."* Matthäus 16:19

Aber wir müssen uns am König und Seinem Königreich orientieren, und nicht nur danach, was das Königreich für uns tut.

Ich habe einige wunderbare Erlebnisse mit Majestäten. Es gibt dort wunderbare und geheimnisvolle Dinge über ihre Positionen.

Gott gab mir zweimal das Vorrecht, daß ich Kaiser Haile Selassie von Äthiopien besuchen und im prophetischen Wort dienen durfte. Als ich das zweite Mal ging, sprach Gott zu mir und sagte: „Ruth, ich werde dich diesmal mehr ehren als das erste Mal." Dabei fühlte ich mich durch das erste Mal schon sehr geehrt. Der Kaiser hatte nicht nur mich empfangen, sondern auch später unsere Freundin Sarah Rush.

Bei dieser zweiten Gelegenheit kam ich mit dem Flugzeug am Morgen und hatte am nächsten Morgen das Land wieder zu verlassen. Meine Freunde sagten: „Ruth, du bist verrückt, du kommst an und erwartest den Kaiser an einem Tag zu sehen, und er weiß noch nicht einmal, daß du angekommen bist."

Alles was ich sagen konnte war: „Diesen Fahrplan gab mir Gott. Ich konnte nur diese Maschine bekommen und morgen früh werde ich die andere Maschine nehmen, um in Gottes Zeitplan zu bleiben."

Durch ihre Zweifel beunruhigt, rief ich im Palast an und sprach zu dem Minister des Schlosses, Seiner Exzellenz Teferawerk. Er sagte: „Es tut mir leid, aber der Kaiser hat ein Treffen mit dem Ministerrat." Und er begann alle Verpflichtungen dieses Tages aufzuzählen.

Ich sagte nur: „Seine Exzellenz wissen, was zu tun ist."

Am Nachmittag wurde ich in den Palast gerufen. Das erste Mal war ich zum großen Palast, in ein Audienzzimmer gerufen worden, wo der Kaiser Botschafter und Diplomaten empfing. Dieses Mal wurde ich in den Fest-Palast gerufen, sein Heim. Ich wurde sehr geehrt. Auch sein kleiner Hund „Lou-Lou" war dort und wir haben zusammen gespielt.

Später sagte der Kaiser zu mir: „Ruth, wenn Gott Ihnen ein Wort für irgendein Staatsoberhaupt gibt, dann zögern Sie nicht, sondern gehen Sie und bringen Sie es ihm." Ich fühlte, daß dies wahrscheinlich einer der größten Hinweise darauf war, wie mein Besuch ihm gedient hatte.

Ich denke, ich war einer der letzten Menschen, die ihm dienen konnten, bevor die Schwierigkeiten kamen. In der Prophetie gab ihm Gott bereits eine Vor-

## BETET DEN KÖNIG AN — MAJESTÄT

warnung von dem, was passieren würde und gab ihm eine Antwort.

In der Gegenwart eines Königs ist immer dieses große Gefühl von Majestät und Ehrfurcht.

> *„Und als ich ihn sah, fiel ich zu seinen Füßen wie tot: und er legte seine rechte Hand auf mich und sprach zu mir: Fürchte dich nicht! Ich bin der Erste und der Letzte und der Lebendige. Ich war tot und siehe, ich bin lebendig von Ewigkeit zu Ewigkeit und habe die Schlüssel des Todes und der Hölle."* Offenbarung 1:17-18

Es gab ein wunderbares Lied, das aus den Erweckungen der fünfziger Jahre kam:

*Sieh an, was für ein Mann ist dies,*
*der zwischen Gott und den Menschen steht?*
*Seine Augen sind wie Feuerflammen.*
*In Seiner Hand ist Sein Fächer.*
*Johannes sah IHN in den sieben Kirchen.*
*Wie die Sonne scheint in ihrer Pracht.*
*Sieh an! Was für ein Mann ist dies?*
*Was für ein Mann ist dies?*

Refrain:
*ER ist der HERR der Herrlichkeit.*
*ER ist das große ICH BIN.*
*Das Alpha und Omega.*
*Der Anfang und das Ende.*
*Sein Name ist Wunderbar.*

*ER ist der Friedefürst.*
*ER ist der Ewige Vater.*
*Durch alle Ewigkeit.* — Phyllis Speers

Der König ist eindrucksvoll. Wir sollten uns nicht fürchten, dem König zu dienen. Ich verstehe nicht, warum wir immer denken, daß es schwierig ist, Gott zu dienen. Viele Christen sind so verwirrt über diesen Punkt, daß sie denken, wenn etwas schwierig ist, dann ist es von Gott.

Dem König zu dienen ist Freude. Ich wurde so sehr gesegnet. Der Wille Gottes ist so erfreulich. Es war wirklich ein Vergnügen. Es ist wahr, den einen Tag bin ich im Palast, am nächsten Tag schlafe ich auf einem schmutzigen Fußboden in einem abgelegenen Dorf. Beide Erfahrungen sind gleich viel wert. Wenn du als Botschafter des Königs der Könige ausgesandt wirst, dann stören die Umstände nicht.

Der König der Herrlichkeit hat Anspruch auf eine gewählte Generation. ER hat Anspruch auf eine königliche Priesterschaft. ER hat Anspruch auf eine heilige Nation. ER hat Anspruch auf besondere Menschen. ER hat Anspruch, daß „*das Volk des Eigentums, daß ihr verkündigen sollt die Wohltaten dessen, der euch berufen hat von der Finsternis zu seinem wunderbaren Licht.*" 1. Petrus 2:9

Beuge dich nieder vor IHM.

*BETE DEN KÖNIG AN !*

**BETE DEN GELIEBTEN AN —**

**VERTRAUTHEIT**

## Ich schau' auf dein Gesicht

Ich schau' auf dein Gesicht,
Und bet' dich an mein Herr.
Ich schau' auf dein Gesicht,
Und bet' dich an mein Herr.

*„Er küsse mich mit dem Kusse seines Mundes;
denn deine Liebe ist liebllicher als Wein.
Es riechen deine Salben köstlich; dein Name ist
eine ausgeschüttete
Salbe, darum lieben dich die Mädchen."*
Hoheslied 1:2-3

In den frühen Tagen, als sich meine Beziehung mit dem HERRN durch die Anbetung ausweitete, sah ich immer Seine Füße, vor denen ich mich niederbeugte. Das zeigte meine Größe im Glauben in der Anbetung; aber sosehr mein Glaube wuchs, ließ ER mich nicht bei Seinen Füßen. Als die Beziehung Schritt für Schritt wuchs, kam ich auch immer höher, bis ich in Seiner Gegenwart stand und IHN von Angesicht zu Angesicht sah.

Wir fangen an, IHN als König zu kennen. Das allein schon ist herrlich. Aber ER möchte uns viel weiter bringen. ER möchte, daß wir IHN kennen, nicht nur als König, sondern als „himmlischen Bräutigam". ER möchte, daß wir IHN als den Geliebten kennen, den Liebhaber unserer Seelen und den - den unsere Seelen lieben.

Wenn wir IHN anbeten, dann schütten wir unser Herz vor IHM aus. Wir schütten unsere Liebe aus zu

IHM. Die tiefsten Winkel unseres Herzens werden von IHM bewegt. Wir aus der westlichen Welt zögern lange, bis wir Gefühle zeigen. Wir unterdrücken sie solange, bis es nötig ist, sie neu zum Leben zu erwecken. Gott möchte, daß alle unsere Sinne IHM gegenüber lebendig sind. ER möchte, daß du aufgeregt bist, wenn du Seine Hand fühlst. ER möchte, daß du aufgeregt bist, wenn du Seine Gestalt siehst. ER möchte, daß du ganz tief bewegt bist, wenn ER nahe kommt.

Wenn Menschen anfangen anzubeten und sie finden, daß sie nicht so bewegt sind wie sie sein sollten, dann ermutige ich sie zu einem kleinen Fasten. Fasten läßt die natürlichen Bedürfnisse mehr verschwinden und macht den Geist sensibler. Das Empfinden wird stärker. Es bringt uns eine größere Sensibilität, die wir immer wieder verdrängt haben.

Wenn der Wind des Heiligen Geistes über dich hinwegweht, dann sollte auf deiner Seite eigentlich eine sofortige Reaktion erfolgen. „Ich liebe dich, HERR. Ich bete dich an. Ich erhebe dich." Laß deinen Mund wie den Griffel eines guten Schreibers sein. Schütte dein Herz vor IHM aus.

Du glaubst, daß jeder andere besser anbeten kann als du. Jeder andere erscheint so redegewandt, so deutlich, nur du kämpfst noch mit deinen Hemmungen. Das ist aber nicht wahr. Sie können vielleicht eine bessere Pizza machen als du. Sie sind in ihrem besonderen Job vielleicht besser als du. Aber deine Anbetung ist ganz anders, sie ist von dir ganz einzigartig. Sie berührt das Herz Gottes. ER sehnt sich danach, deine Worte der Liebe zu hören, den Ausdruck deines

## BETE DEN GELIEBTEN AN — VERTRAUTHEIT

Herzens und das Seufzen deines Geistes. Und wenn es nur hervorkommt in ganz einfachen Lauten, vielleicht nur in Zeichen, vergleiche dich nicht mit anderen. Gott verlangt nach deiner Anbetung.

Dein Ehemann heiratete dich, weil er dich liebte. Es war nicht so, daß es nicht Millionen anderer Frauen gab. Sein Herz war zu dir hingezogen. Und auf die gleiche Art, fühlt sich auch Gottes Herz zu jedem Einzelnen hingezogen, so, als gäbe es sonst niemanden auf der Welt. Du sagst: „ER hat all diese anderen Christen, die IHN lieben." Aber ER ist nicht zufrieden, bis nicht du IHM deine Liebe gegeben hast. Du kannst nicht erwarten, daß eine andere Schwester aus deinem Chor die Anbetung für dich tut. Du mußt es selbst machen. ER wartet ganz besonders auf DICH.

Schreie laut in Seiner Gegenwart, nicht vor Schmerzen, aber vor Entzücken. ER möchte uns die Verzückung zeigen, die durch die ganz vertraute Beziehung mit IHM kommt. Bete IHN an und erhebe IHN. Beuge dich vor IHM nieder. Der Vater sucht Anbeter.

Als Anbeter müssen wir das große Anbetungsbuch kennen, das Hohelied Salomos. Gehe immer tiefer hinein, bis es ein Teil von dir wird. Nach einer Weile wirst du dann das Gefühl haben, als hättest du es geschrieben. Salomo war nur etwas schneller und hat es vor dir zu Papier gebracht. Zuerst fühlst du nur, du wünschst, du hättest die Fähigkeit gehabt, es zu schreiben. Und später dann, wenn du immer mehr in die Anbetung hineingehst, wirst du wissen, daß du es geschrieben haben könntest, weil du die gleichen Erfahrungen gemacht hast - wo geschrieben steht *„Ich schlief, aber* *mein Herz war wach"*. Gott wird dein Herz öffnen und die Tiefen deines SEINS genau auf die gleiche Art erreichen. Im Hebräischen nennen wir dieses Lied „Shir Hashirim", das „Lied der Lieder", anstatt das „Hohelied Salomos". Habe keine Angst vor diesen Worten:

> *„Er küsse mich mit dem Kusse seines Mundes; denn deine Liebe ist lieblicher als Wein. Es riechen deine Salben köstlich; dein Name ist eine ausgeschüttete Salbe, darum lieben dich die Mädchen."*
> Hoheslied 1:2-3

Vor Kurzem haben Archäologen in Israel eine zweitausend Jahre alte Flasche ausgegraben, die immer noch Öl beinhaltet hat. Sie teilten mit, daß dieses Öl genauso dickflüssig war wie Honig und daß sie sicher waren, daß dies das Öl war, das für die Salbung der Priester verwendet wurde.

Wir stellen uns das heilige Salbungsöl dünn vor. Aber es war dickflüssig, schwer und klebrig. Was für ein wunderbares Öl! *„Dein Name ist eine ausgeschüttete Salbe."*

Verliebe dich in Jesus so sehr, daß du ganz vorsichtig Seinen Namen nennst. Sage ihn immer mit Liebe und dem vollen Ausdruck. Manchmal ist die größte Anbetung nur ein Wispern „Jesus", nur Seinen Namen zu nennen und dir von dem Wohlgeruch Seines Namens deine Seelen füllen zu lassen. Ich war in Treffen, wo Gottes Wohlgeruch ganz plötzlich eine große Halle gefüllt hat. ER ging unter uns, wenn wir nur Seinen Namen aussprachen. Im Frühjahr 1989 war ich in so

**BETE DEN GELIEBTEN AN — VERTRAUTHEIT** 123

einem Treffen. Und ganz plötzlich war es so, als hatte jemand die teuerste Flasche Parfüm geöffnet und ausgegossen. Es war etwas, was Paris niemals kopieren könnte. Als der Wohlgeruch den Raum füllte, war das Empfinden der Herrlichkeit des HERRN da. Es war einfach wunderbar.

Vor einigen Jahren ging ich mit Schwester Janet Saunders am Karfreitag in die Grabeskirche in Jerusalem. Die Osterwoche ist etwas ganz besonderes in Jerusalem, noch mehr speziell als Weihnachten in Bethlehem. Wir waren oft im Vorhof anwesend bei der Fußwaschung, aber wir waren nicht oft am Karfreitag dort, wegen der unglaublichen Menschenmenge. An diesem Tag drängte ich mich durch die Menschenmenge hin zum „Salbungsstein", wo, der Tradition entsprechend, Jesus nach der Kreuzigung gesalbt worden war. Was ich dort sah, hat mich tief bewegt. Demütige Pilger von Zypern, Rhodos, Kreta und Griechenland, zusammen mit anderen Pilgern, die in Jerusalem wohnten, waren gekommen und jeder hatte eine kostbare Flasche Parfüm mit sich. Ich beobachtete sie wie sie an den Salbungsstein kamen, den Stöpsel der Flaschen entfernten und das ganze Parfüm ausgossen, bis auf den letzten Tropfen.

Einige nahmen auch Blumen und zupften die Blütenblätter aus und verteilten sie rundherum. Es roch nach Rosen und Nelkenblättern, in ihrer ganzen Vielfalt.

Die Anbeter weinten. Mein nicht-liturgischer Hintergrund hatte mich nicht auf so einen Anblick vorbereitet. Aber mein Geist war aufs Tiefste berührt.

Ich stand dort und weinte stundenlang. Ich dachte: „Jesus, in all den Jahren, in denen ich dir diente, habe ich noch nie erlebt, daß so viel Liebe zum selben Moment von so vielen Menschen für dich gegeben wurde." Es tat mir nur leid, daß ich dies nicht im Voraus wußte, denn dann hätte ich auch eine Flasche Parfüm mitgenommen und hätte es vor dem HERRN ausgegoßen.

Letzten Karfreitag waren wir sehr fleißig gewesen. In der Woche davor waren etliche Gruppen in Jerusalem gewesen. Wir hatten am Freitag früh und abends Gottesdienst. Ich dachte den ganzen Tag, daß ich so gerne in die Grabeskirche gegangen wäre. Aber ich habe es nicht getan.

Als Schwester Paracleta in der Osternacht zu uns kam (eine demütige Nonne aus einer königlichen nigerianischen Familie), bemerkte ich, daß ich sie die ganze Woche noch nicht gesehen hatte.

„Meine Liebe, wo warst du?" fragte ich sie.

„Oh, mama mia," sagte sie ganz auf italienisch (sie wohnte und studierte in Rom einige Zeit). „Ich war die ganze Osterwoche in der Grabeskirche. Ich war auch Nachts dort und betete Tag und Nacht."

Sie konnte ihre Aufregung kaum zügeln, als sie fortfuhr: „Erinnerst du dich noch daran, daß du mir Parfüm aus Amerika mitgebracht hast, als du das letzte Mal dort warst? Ich habe es aufgehoben und keinen Tropfen benützt. Und am Freitag nahm ich es mit zum Salbungsstein. Ich war so aufgeregt, ein Parfüm zu haben, das ich dem HERRN opfern konnte. Ich öffnete den Verschluß und goß die ganze Flasche Parfüm vor dem HERRN aus."

## BETE DEN GELIEBTEN AN — VERTRAUTHEIT

Ich war so froh, daß jemand, den ich kannte, eine Flasche ausgeschüttet hatte. Ich fühlte mich so, als hätte ich sie selbst ausgegoßen.

Wenn du und ich in der Anbetung stehen, dann öffnen wir auch unsere Parfümflaschen und gießen sie aus. Wir wollen in keiner Weise geizig sein, und IHM nur ein oder zwei Tropfen geben. Wir wollen verschwenderisch und großzügig sein. Wir wollen unsere Liebe darbringen, aus den tiefsten Tiefen unseres ganzen Seins. Laßt uns IHN anbeten mit Worten der Liebe. ER ist würdig! Bete IHN an!

Was möchtest du sein? Ich möchte ein Anbeter sein.

Was möchtest du für die Zukunft? Ich möchte ein Anbeter sein.

Was sucht der Vater? Der Vater sucht Anbeter.

Gott möchte uns lehren, wie wir anbeten sollen. ER möchte uns für Seine Anbetung salben. ER möchte die Anbetung in uns schaffen. ER möchte die Tiefen unseres Seins erreichen und uns erlauben, die zu sein, die IHN anbeten im Geist und in der Wahrheit.

Als ich einmal bei katholischen Freunden in England diente und über diese Dinge sprach, sagte einer von ihnen: „Es überrascht mich, daß du das Hohelied und die Offenbarung des Johannes erwähnst. Gerade mit diesen zwei Büchern haben sich die Heiligen der frühen Jahrhunderte beschäftigt. Viele Menschen lesen das Hohelied nicht, weil sie es nicht verstehen und viele Menschen lesen das Buch der Offenbarung nur von dem Standpunkt der „Wehen" und Endzeit-Ereignisse, und nicht vom herrlichen Standpunkt aus."

Das Hohelied ist kein Sinnbild von irgendetwas. Wenn du jemals einen Liebesbrief gelesen hast oder einen Dialog, wo du gesehen hast:
Er sagte: „...."
Sie sagte: „...."
Er sagte: „...."
Sie sagte: „...."
und dann eine Erklärung darüber, was er sagte und was sie sagte, dann hast du keine Probleme mit dem Lesen dieses Buches. Es ist das Liebesgedicht des Bräutigams für die Braut und der Braut für den Bräutigam.

Manche sagen: „Ich kann nicht einmal solche Worte lesen." Wir hatten einen Bruder in unserer Gemeinde, der sich immer zurückzog, wenn ich über das Hohelied lehrte. Solche zärtlichen Worte setzten ihn immer in Verlegenheit.

Sollte der HERR wirklich sagen: *„Du bist meine Liebe, meine Taube?"* Er war nicht der Einzige, der Schwierigkeiten hatte, diese Worte laut zu lesen. Und dann fing der HERR an, ihm eine neue und schöne Erfahrung zu schenken. Er begann ganz poetisch zu prophezeien. Er hatte vorher noch nie diese Poesie gelesen. Und nun kamen seine prophetischen Worte in poetischer Form. Er setzte sich hin und weinte, überwältigt von der Schönheit der Worte, die Gott über seine rauhen Lippen kommen ließ.

Gott möchte dir die Fähigkeit geben, daß du Worte der Liebe zu IHM sagst. Ich bin ganz sicher, daß die Meisten von uns zu IHM nicht so zärtlich gesprochen haben, wie ER es von uns möchte. Und darum, laßt es

## BETE DEN GELIEBTEN AN — VERTRAUTHEIT

uns tun, in den Tagen, die vor uns liegen. Wenn du das Hohelied liest, wird es dir helfen. Es wird deine Fähigkeit erweitern, den HERRN anzubeten und zu erheben. Es wird dir eine Fähigkeit geben, dem HERRN mitzuteilen, wie sehr du IHN liebst. Du findest einige Beschreibungen, die ganz besonders schön sind.

*„Mein Freund ist mir ein Büschel Myrrhen, das zwischen meinen Brüsten hängt.*
*Mein Freund ist mir eine Traube von Zyperblumen in den Weingärten von En-Gedi.*
*Siehe, meine Freundin, du bist schön; schön bist du, deine Augen sind wie Taubenaugen.*
*Siehe, mein Freund, du bist schön und lieblich. Unser Lager ist grün."* Hoheslied 1:13-16

*„Wie ein Apfelbaum unter den wilden Bäumen, so ist mein Freund unter den Jünglingen. Unter seinem Schatten zu sitzen begehre ich, und seine Frucht ist meinem Gaumen süß."*
Hoheslied 2:3

*„Was steigt da herauf aus der Wüste wie ein gerader Rauch, wie ein Duft von Myrrhe, Weihrauch und allerlei Gewürz des Krämers?"*
Hoheslied 3:6

*„Was hat dein Freund vor anderen Freunden voraus, o du Schönste unter den Frauen? Was hat dein Freund vor anderen Freunden voraus, daß du uns so beschwörst?*

*Mein Freund ist weiß und rot, auserkoren unter vielen Tausenden. Sein Haupt ist das feinste Gold.
Seine Locken sind kraus, schwarz wie ein Rabe.
Seine Augen sind wie Tauben an den Wasserbächen, sie baden in Milch und sitzen an reichen Wassern.
Seine Wangen sind wie Balsambeete, in denen Gewürzkräuter wachsen.
Seine Lippen sind wie Lilien, die von fließender Myrrhe triefen.
Seine Finger sind wie goldene Stäbe, voller Türkise. Sein Leib ist wie reines Elfenbein, mit Saphiren geschmückt.
Seine Beine sind wie Marmorsäulen, gegründet auf goldenen Füßen.
Seine Gestalt ist wie der Libanon, auserwählt wie Zedern.
Sein Mund ist süß, und alles an ihm ist lieblich.
- So ist mein Freund; ja mein Freund ist so, ihr Töchter Jerusalems!"* Hoheslied 5:9-16

Es liegt ein Sinn in diesen Worten. ER möchte, daß du auf Sein Gesicht siehst. ER möchte, daß du in Seine Augen siehst. ER möchte, daß du Seine Wangen ansiehst. ER möchte, daß du IHN kennenlernst, auf verschiedene Arten, so wie du IHN bisher noch nicht kanntest.

Die Juden glauben, daß das Hohelied Salomos am Tag der Tempeleinweihung gegeben wurde. Und manche sagen, daß es wichtiger war als der Tempel selbst. Und obwohl es ein kurzes Buch ist, ist es für uns doch ein so großer Segen.

**BETE DEN GELIEBTEN AN — VERTRAUTHEIT**

Wenn du die Bibel auf Kassetten hast, dann suche dir die vom Hohenlied heraus. Tue sie in den Kassettenrekorder in deinem Auto und höre sie dir immer wieder an. Nimm diese Worte wirklich mit deinem Geist auf. Und wenn du dann anbetest, dann findest du eine neue Tiefe im Ausdruck.

Gott möchte dein Herz aufwecken um zu lieben. ER möchte dein Herz aufwecken um IHN zu erheben. Gott möchte in dir die Fähigkeit erwecken, IHN anzubeten.

In ihrem Buch *„Die vierte Mauer, Jerusalem und China"* spricht Susan über die chinesische Kirche. Die Drei-Selbst-Bewegung ist die anerkannte Kirche in China und wurde bereits verschiedentlich von Personen der westlichen Welt kritisiert, die dachten, daß sie ein Werkzeug der Regierung sei. Wir glauben nicht daß dies so ist.

Ich war in vielen offiziellen Kirchen in ganz China und fand heraus, daß dies die einzige Kirche in der Welt ist, wo du zu den Menschen sagst „Laßt uns beten", und jeder fängt auch wirklich an zu beten. Sie beten nicht hörbar, aber du siehst den Geist des Gebetes über ihnen. Wie wunderbar ist es zu sehen, wenn eine ganze Gemeinde zusammen betet, niemand schaut sich um, niemand hängt Tagträumen nach oder plant das Abendessen oder macht irgendwelche anderen Pläne. Sie beten. Sie verlieren sich vollkommen im Gebet.

Wahre Anbetung ist genau das Gleiche. Wir müssen fähig sein, vom Hause Gottes nach Hause zu gehen und zu wissen, daß es im Gottesdienst einen Punkt gab, wo wir unsere Herzen vollkommen ausgeschüttet haben in Liebe, Verehrung und Anbetung gegenüber IHM. Wenn wir uns ganz einfach dafür entscheiden, daß wir nicht in das Haus Gottes gehen, ohne daß wir uns nicht vollkommen aus der Tiefe unseres Geistes vor IHM ausgeschüttet haben und IHN angebetet haben, dann wird es wohlgefällig sein für IHN. ER hat Freude an Menschen, die an IHM ihre Freude und Lust haben - nicht nur, wegen der Dinge, die ER für uns tut - sondern weil ER uns als Person etwas bedeutet.

Anbetung ist eine Herzenshaltung, in welcher das Herz sich vor Gott verbeugt und niederkniet. Sonst zählt nichts. Es gibt keine anderen Gedanken in deinem Kopf außer Gott. Du bist nicht mit einem Anliegen gekommen. Du bist nicht gekommen, weil du Heilung brauchst. Du bist nicht wegen einer anderen Not gekommen. Du bist nur gekommen, weil du IHN so sehr liebst und du mußt IHM diese Liebe einfach erklären. **Anbetung ist eine Zeit, um Liebe auszudrücken.** ER überschüttet uns mit Seiner Liebe und wir geben IHM unsere Liebe.

Die wartende Braut im Hohenlied sagt nicht: „Ich liebe IHN, weil ER mich geheilt hat; ER mich gerettet hat; ER mich geleitet hat; ER mich befreit hat; und ER mich führt." Sie sagt: *„Dies ist mein Geliebter. Dies ist mein Freund."*

Der HERR möchte, daß wir IHN so vertraut kennen, daß wir IHN anderen präsentieren können und IHN beschreiben können - von der ganz persönlichen Erfahrung, weil wir IHN gesehen haben, weil wir Sei-

**BETE DEN GELIEBTEN AN — VERTRAUTHEIT**

ne Stimme gehört haben, weil wir Seine Berührung gespürt haben.

Jahrelang habe ich Menschen im Lobpreis über das Mikrophon geleitet. Als ich anfing, in die öffentliche Anbetung zu leiten, fühlte ich mich bedrückt. Anbetung ist so sehr vertraulich. Ich fühlte mich nackt und bloß vor der Gemeinde. Ich dachte 'niemals kann ich das tun'. Der HERR fragte mich, wenn ich es nicht tun würde, wer dann den Menschen helfen würde, in die intime Anbetung hineinzugehen. Durch Seine Gnade konnte ich dann zögernd in die öffentliche Anbetung hineingehen. Wir entspannen uns alle in Seiner Gegenwart.

Die schönsten Liebeslieder kamen von jungen Menschen, von jungen Gläubigen. *„Aus dem Munde der jungen Kinder und Säuglinge"* haben wir Gottes vollkommenen Lobpreis gehört. Ihre Liebe für den HERRN ist so ansteckend und noch so frisch. Gott möchte von uns allen, da wir IHN so lieben, daß es ansteckend ist - daß andere IHN auf die gleiche Weise lieben möchten.

Als ich dem HERRN in Hong Kong diente, ich war damals ein junges Mädchen, war einer der Punkte, weswegen ich am Meisten kritisiert wurde, daß ich immer schon betend zur Kirche kam und aufgeregt über den HERRN Jesus war. Die meisten meiner Freunde in der Kirche hatten einen Job in der Kirche, der eben von 9 Uhr bis 17 Uhr dauerte. Und die Meisten dachten dann, wenn sie acht Stunden schon für Gott gearbeitet hatten, dann wollten sie nicht ihre Arbeit auch noch nach Hause mitnehmen. Wenn sie dann abends privat ausgingen, wollten sie nicht auch noch über Gott sprechen. Gott war ganz einfach ihr 8-Stunden-Job. Die andere Zeit wollten sie dann über alles andere sprechen. Ich wurde immer kritisiert, weil ich auch außerhalb über Gott sprach. Ich konnte nicht aufhören, über IHN zu sprechen, allezeit, mit allen und überall.

Deine Liebe zu Jesus muß so ansteckend sein, daß andere sagen werden: „Ich möchte Gott wie eine Person lieben. Ich möchte eine ganz neue Beziehung. Ich möchte IHN beschreiben können, als den Geliebten meiner Seele. Ich möchte nicht eingeschränkt sein, im Ausdruck meiner Liebe gegenüber dem HERRN." (Wenn wir frei über alles andere reden können, möchte uns Gott auch die Fähigkeit geben, daß wir auch ganz vertraulich über IHN sprechen.)

Als die Ausgießung des Heiligen Geistes begann und die charismatische Bewegung hervorbrachte, war ich sehr gesegnet, denn ich war in Hong Kong und hatte das Vorrecht, mithelfen zu dürfen und Treffen zu arrangieren für Männer wie Pastor David du Plessis, Pastor Ed Stube und andere. Diese Männer sagten oft, daß das schwerste Wort für den Durchschnittschristen ist: „Ich liebe dich Jesus" zu sagen. Und zwar solange, bis sie mit dem Heiligen Geist erfüllt sind. Nachdem sie jedoch in Zungen sprechen, sind dieses die ersten Worte, die sie dann in Deutsch (Englisch) aussprechen.

Gott bringt für uns alle einen neuen Tag der Herrlichkeit, wo wir alle fähig sein werden, unsere Liebe zu IHM ohne Hemmungen und ohne irgendeine

## BETE DEN GELIEBTEN AN — VERTRAUTHEIT

Verlegenheit zu zeigen. Unsere Beschreibung von IHM muß sein „Sein Mund ist lieblich. ER ist wunderbar und lieblich.

Im Hohenlied ruft ER uns in die Felder. ER sagt *„Dort will ich dir meine Liebe geben"*. ER ruft uns weg, damit wir Seine Stimme hören können, diese Stimme, die ist *„wie das Rauschen großer Wasser"*.

Verliebe dich in IHN. Bete IHN an. Je mehr du IHN anbetest, desto vertrauter willst du IHN kennen. Und je mehr du IHN vertrauter kennst, desto mehr möchtest du IHN kennenlernen. Und wenn du dann wirklich den HERRN kennst, dann gibt es keine Gleichgültigkeit mehr. Und wenn du weiterhin gleichgültig bist, dann lebst du ganz einfach noch in der Welt. Du beschäftigst dich zuviel mit den Dingen des Lebens. Je näher du jedoch bei IHM bist, desto mehr möchtest du auch Seine Stimme hören. Wie wunderbar ist es doch, Seine Stimme in der Nacht zu hören - auch wenn ER uns ermahnt.

Ich wohnte gerade im Haus von Dr. Elizabeth Vaughan und Mrs. Geri Morgan in Dallas. Eines Tages war ich gerade in Beth's Rolls Royce unterwegs. Wenn Gott mich ermahnen würde, so dachte ich es mir, dann würde ER es sicher nicht tun, wenn ich mit diesem wunderbaren Rolls Royce fahren würde. ER sagte nur einfach zu mir: „Meine Wege sind nicht deine Wege. Meine Gedanken sind nicht deine Gedanken." Ich war ganz aufgeregt. Der HERR ermahnte mich - aber es war der HERR. So eine wunderbare Stimme! Vom HERRN ermahnt! Das war einfach wunderbar.

„Sprich zu mir, HERR, sogar wenn du mich durch deine Liebe ermahnst." Ich war so aufgeregt an diesem Tag.

„Meine Wege sind nicht deine Wege. Und meine Gedanken sind nicht deine Gedanken."

Und ich dachte, daß ich Seine Wege und Seine Gedanken schon gut kennen würde. „Meine Wege sind nicht deine Wege und meine Gedanken sind nicht deine Gedanken."

Seine Wege sind höher. Seine Gedanken sind höher. ER ruft uns immer vom Irdischen in das Himmlische zu gehen und vom Natürlichen ins Übernatürliche. Oh, wie wunderbar ist der Klang Seiner Stimme! ER kann mich jederzeit ermahnen.

Ein Problem von uns Amerikanern ist, daß wir zuviel Töne hören. Wir hören zuviel Stimmen. Es gibt zuviele Stimmen in Diensten. Ich sage zu den Menschen scherzhaft (denn ich verkaufe auch eigene Kassetten), daß ich eine Kassette produzieren möchte, mit dem Titel *„Lerne die Stimme Gottes kennen"* und in ganz Amerika verkaufen möchte. Wenn du diese Kassette dann benützen möchtest, dann wäre es für eine ganze Stunde vollkommen still.

*„Lerne die Stimme Gottes kennen"* - eine ganze Stunde Stille.

Die von uns, die in Übersee leben, finden sich oft in Situationen, wo sie niemanden haben, mit dem sie sprechen können. Ich bin mit Zügen, Bussen und Flugzeugen gereist, wo niemand Englisch ge-

## BETE DEN GELIEBTEN AN — VERTRAUTHEIT

sprochen hat. Die Menschen haben in ihrer eigenen Sprache gesprochen! Und so lernte ich, mit dem HERRN wirklich zu sprechen.

In den Vereinigten Staaten wirst du mit ständigen Geräuschen bombardiert. Du mußt lernen, die sanfte Stimme deines Retters zu kennen. *„Seine Stimme ist wie das Rauschen vieler Wasser."* Wie aufregend Seine Stimme ist! Es gibt auf der ganzen Welt nichts, was so spannend ist. Wenn wir mit einem tauben Ohr auf Seine Stimme hören, oder wenn wir einfach Seine Stimme verdrängen, wenn wir es nicht würdigen, auf Seine Stimme zu hören und lieber wo anders zuhören, dann wird ER irgendwo anders hingehen und zu jemanden anderen sprechen. Aber wenn wir Seine Stimme lieben, dann wird ER mit uns regelmäßig sprechen.

Hast du schon jemals zu jemanden gesagt: „Ich vermisse deine Stimme?" Bist du jemals in die Gegenwart des HERRN gegangen und hast du zu IHM gesagt „Laß mich deine Stimme hören: du mußt mir nicht sagen, daß ich gut bin oder sonst irgendein Kompliment machen; du mußt mir auch nicht sagen, daß ich hier oder dorthin gehen soll; ich möchte nur deine Stimme hören"? Du solltest es IHM sagen, ER wartet darauf.

Voller Freude sagt die Braut im Hohenlied:

*„Da ist die Stimme meines Freundes! Siehe, er kommt und hüpft über die Berge und springt über die Hügel."* Hoheslied 2:8

Und ER spricht so zärtlich zurück:

*„Du hast mir das Herz genommen, meine Schwester, liebe Braut, du hast mir das Herz genommen mit einem einzigen Blick deiner Augen, mit einer einzigen Kette an deinem Hals.*
*Wie schön ist deine Liebe, meine Schwester, liebe Braut! Deine Liebe ist lieblicher als Wein und der Geruch deiner Salben übertrifft alle Gewürze.*
*Von deinen Lippen, meine Braut, träufelt Honigseim, Honig und Milch sind unter deiner Zunge und der Duft deiner Kleider ist wie der Duft des Libanon.*
*Meine Schwester, liebe Braut, du bist ein verschlossener Garten, eine verschlossene Quelle, ein versiegelter Born.*
*Du bist gewachsen wie ein Lustgarten von Granatäpfeln mit edlen Früchten, Zyperblumen mit Narden.*
*Narde und Safran, Kalmus und Zimt, mit allerlei Weihrauchsträuchern, Myrrhe und Aloe, mit allen feinen Gewürzen.*
*Ein Gartenbrunnen bist du, ein Born lebendigen Wassers, das vom Libanon fließt."*
Hoheslied 4:9-15

*„Ich schlief, aber mein Herz war wach. Da ist die Stimme meines Freundes, der anklopft: „Tu mir auf, liebe Freundin, meine Schwester, mei-*

**BETE DEN GELIEBTEN AN — VERTRAUTHEIT** 137

*ne Taube, meine Reine! Denn mein Haupt ist voll Tau und meine Locken voll Nachttropfen."*
Hoheslied 5:2

*„Du bist schön, meine Freundin, wie Tirza, lieblich wie Jerusalem, gewaltig wie ein Heer.*
*Wende deine Augen zu mir; denn sie verwirren mich. Deine Haare sind wie eine Herde Ziegen, die herabsteigen vom Gebirge Gilead.*
*Deine Zähne sind wie eine Herde Schafe, die aus der Schwemme kommen; alle haben sie Zwillinge, und keines unter ihnen ist unfruchtbar.*
*Deine Schläfen sind hinter deinem Schleier wie eine Scheibe vom Granatapfel.*
*Sechzig Königinnen sind es und achtzig Nebenfrauen und Jungfrauen ohne Zahl.*
*Aber eine ist meine Taube, meine Reine; die Einzige ist sie für ihre Mutter, das Liebste für die, die sie geboren hat. Als die Töchter sie sahen, priesen sie sie glücklich; die Königinnen und Nebenfrauen rühmten sie.*
*Wer ist sie, die hervorbricht wie die Morgenröte, schön wie der Mond, klar wie die Sonne, gewaltig wie ein Heer?"* Hoheslied 6:4-10

ER liebt uns so sehr.

Es ist gut, den HERRN mit den besten Dingen unseres Lebens zu vergleichen. Ich weiß, es gibt keinen wirklichen Vergleich, aber ER liebt es, wenn

ER es hört. Ihr Männer, eure Frauen wissen, daß sie die Besten sind, aber sie lieben es, wenn ihr es ihnen sagt. Sie möchten daran erinnert werden, warum sie die Auserwählten sind. Sage dem HERRN, daß „*ER der Auserwählte von Zehntausenden ist.*"

Habe keine Angst vor dieser Vertrautheit. Im Hohenlied geht die Beziehung vom König zum Hirten, dann zum Geliebten und dann zum Geliebten der Seele und zum Freund. Lerne IHN auf allen diesen Wegen kennen.

Manche Menschen sind verstimmt über Gott. Wenn du wirklich verstimmt sein mußt, dann sei über jemand anderes verstimmt; aber sei nicht verstimmt über Gott.

Als meine Eltern in ihren ersten Dienst gingen, dann brachten sie alle ihre Ersparnisse zusammen und brauchten sie für ihr Zelt und die dazugehörenden Einrichtungen auf. Sie hatten beide ihre Arbeiten aufgegeben. Während der ersten Erwekkung, die sie hatten, fiel durch einen starken Sturm das Zelt zusammen. Mein Vater war so verstimmt, daß er beschloß, wieder nach Hause zu gehen und in seine alte Arbeit zurückzukehren. Er muß gegen Gott gesprochen haben, denn er erinnerte sich daran, daß Mutter anfing zu weinen und zu ihm sagte: „Wallace, bitte sprich über Jesus nicht so." Und das hat Vater wirklich auf's Tiefste berührt. Er war so stark und Mutter war so zart und weich.

„Wenn meine kleine Frau diesen Rückschlag hinnehmen kann, ohne schwankend zu werden, wenn sie diese Prüfung durchsteht, dann kann ich es auch.

## BETE DEN GELIEBTEN AN — VERTRAUTHEIT

Denn ich bin ein großer und kräftiger Mann." Und niemals wieder wollte er zurückgehen. Es waren die Worte meiner Mutter, die ihn so bewegt haben.

Wenn du also verstimmt bist, sprich niemals gegen Jesus. Egal in welcher Situation - ER ist immer liebenswert. Ich finde keinen Fehler an IHM. Alle Seine Wege sind erhöht. Alle Seine Wege sind heilig. Alle Seine Wege sind herrlich.

*BETE DEN VERTRAUTEN GELIEBTEN AN !*

# HERRLICHKEIT

# DIE SPHÄRE DER

# HERRLICHKEIT

## Er ist so wunderschön

Er ist so wunderschön -
Schaue Ihn nur an.
Er ist so wunderschön -
Himmlisches Juwel.
Er ist so wunderschön -
Erkenne und sieh' -
Die Schönheit von Jesus -
Himmlische Majestät.

*„Nun aber schauen wir alle mit aufgedecktem Angesicht die Herrlichkeit des Herrn wie in einem Spiegel, und wir werden verklärt in sein Bild von einer Herrlichkeit zur anderen von dem Herrn, der Geist ist."* 2. Korintherbrief 3:18

Was ist die Sphäre der Herrlichkeit? Es ist der Bereich der Ewigkeit. Es ist die Offenbarung der Gegenwart des HERRN. Es ist das Sichtbarwerden Seiner Gegenwart. ER ist die Herrlichkeit. ER ist überall, aber diese Herrlichkeit (Glory) ist die Offenbarwerdung dieser Tatsache. Die Erde hat als Atmosphäre die Luft, während die Himmel die Atmosphäre der Herrlichkeit haben, also Seiner Gegenwart. Wenn die Herrlichkeit auf uns herunterkommt, dann kommt ein kleiner Teil der himmlischen Atmosphäre auf uns herunter, damit wir Seine offenbarte Gegenwart probieren können.

Können wir mit dem natürlichen Auge die Luft sehen? Aber wir wären alle tot, wenn wir sie nicht einatmen würden. Wir sind uns der Luft nicht bewußt, und zwar solange nicht, bis wir den Wind sehen, der die Blätter von den Bäumen fegt. Und dann ist die Erde damit bedeckt. Genauso ist es im Himmel - er ist voll der himmlischen Herrlichkeit. Nun, Gott gibt uns einen Vorgeschmack dieser Herrlichkeit, die himmlische Atmosphäre kann sich auf der Erde offenbaren.

Gott macht für manche Menschen diese Herrlichkeit auf der Erde sichtbar. Ich sprach in Dr. Fucia Pickett's Kirche in Dallas. Ein Bruder kam nach dem Gottesdienst zu mir und sprach: „Schwester Ruth, als Sie gesprochen haben, sahen wir die Herrlichkeit des Herrn wie eine Wolke hereinkommen, dann durch die Gänge gehen und langsam die ganze Versammlung bedecken. Je mehr Sie sprachen, desto dichter wurde die Wolke. Zu der Zeit, als Sie das Predigen aufhörten, war die Wolke der Herrlichkeit über allen Anwesenden. Sie standen auf dem Podium, und die Herrlichkeit wuchs solange, bis wir nur noch Ihren Kopf sehen konnten."

Es gab Zeiten, in denen ich sprach und die Menschen konnten mich nicht mehr sehen. Sie konnten nur das Licht der Herrlichkeit Gottes sehen. Sehr oft teilten mir Menschen mit, daß in den Zeiten, wenn ich predigte und diente, daß sie dann an meiner Seite die Gestalt eines Mannes sahen, der neben mir stand. Die Wolke wurde bereits über mir gesehen, aber auch neben mir, hinter mir, vor mir und um mich herum.

Manchmal kommt die Herrlichkeit herunter wie Tautropfen. Manchmal wie goldene Regentropfen. Manchmal kommt sie auch als Wolkensäule. Und manchmal auch als Feuersäule. Und ebenso kommt

**DIE SPHÄRE DER HERRLICHKEIT** 147

es auch als ein Nebel. Einige Menschen sehen richtige Funken, der Staub der Herrlichkeit, der von Seinem Gewand herabfällt. Manche sehen einen grauen oder gelben Rauch. Menschen sehen die Herrlichkeit auf viele verschiedene Arten. Es ist nicht wichtig, wie du die Herrlichkeit genau siehst, es ist nur wichtig, daß du sie siehst.

Eine unserer Jugendlichen in Jerusalem sah die Herrlichkeit und beschrieb sie als „riesigen Marschmallow" (amerik. Schaumgebäck). Nun, wenn es für sie so aussah, dann ist das ganz in Ordnung. Einige sehen das Feuer Gottes herabkommen wie einen Feuerball oder eine Feuerflamme, manchmal auch als Feuerzungen. Die Worte, mit denen wir die Herrlichkeit des HERRN beschreiben, sind nicht wichtig. Wir müssen dies erleben. Laßt die Herrlichkeit des HERRN in der Mitte Seines Volkes erscheinen, die Herrlichkeit Seiner Gegenwart.

**GENAUSO WIE WIR AN EINEN GESCHAFFENEN LOBPREIS GLAUBEN UND EINE GESCHAFFENE ANBETUNG, SO GLAUBEN WIR AUCH AN EINE GESCHAFFENE HERRLICHKEIT!**

*„Und dann wird der HERR über der ganzen Stätte des Berges Zion und über ihren Versammlungen eine Wolke schaffen am Tage und Rauch und Feuerglanz in der Nacht. Ja, es wird ein Schutz sein, über allem, was herrlich ist."*

Jesaja 4:5

Wir sind erst am Anfang, um die herrlichen Tage des HERRN zu sehen. Gott hat uns gezeigt, daß wir jeden Tag erleben können, wie durch die Einfachheit des Lobpreises und der Anbetung Seine Herrlichkeit sichtbar werden kann. Es ist nicht, daß wir bisher keinen Lobpreis gemacht hätten. Es ist auch nicht, daß wir bisher nicht angebetet hätten in der Kirche. Und es ist auch nicht, daß wir die Herrlichkeit noch nicht erlebt hätten. Aber wir wußten nicht, wie wir Gott preisen und anbeten sollen, damit wir durch dieses Zusammenwirken die Herrlichkeit Gottes hervorbringen können.

Egal, ob ich alleine bete, oder mit drei, vier anderen Menschen oder mit drei- oder viertausend Menschen, wenn ich Gott preise, dann preise ich IHN solange, bis der Geist der Anbetung kommt und setze meine Anbetung solange fort, bis die Anwesenheit Gottes und Seine Herrlichkeit da ist. Und sie ist bald da. Aber wir müssen in der Anbetung Zeit verbringen, genauso wie im Lobpreis.

Es muß keine Stunden dauern. Wenn du lernst, im Heiligen Geist zu fließen, dann kommst du schnell an den verborgenen Platz, an den geheimen Platz auf den Stufen.

Jakob sah auf der Himmelsleiter Engel hinauf und hinuntersteigen. Im Hebräischen ist das Wort für Leiter „sulam". Der Wert der Buchstaben ist 136. Ebenso hat das Wort für Stimme „Kol", auch den Buchstabenwert 136. Die Stimme wird dann die Himmelsleiter. In unseren Treffen werden regelmäßig Engel gesehen. Sie sind da, weil wir durch

**DIE SPHÄRE DER HERRLICHKEIT** 149

unseren Lobpreis und durch unsere Anbetung die Atmosphäre des Himmels erschaffen. Lobpreis und Anbetung bringen die Herrlichkeit des HERRN. Und der HERR bringt dann Seine Herrlichkeit hinunter zu uns und nimmt uns hinein in Seine Herrlichkeit. Hast du Sehnsucht nach dieser Herrlichkeit? Hast du Hunger und Durst nach Seiner Anwesenheit?

Glaube aber niemals, daß du schon auf den Lobpreis verzichten kannst. Lobpreis ist immer notwendig. Er ist der Schlüssel. Er ist der Eingang. Er ist der Aufstieg. Oft versuchen Menschen mit der Anbetung einen Gottesdienst zu beginnen. Aber das funktioniert dann nicht so. Gott segnet uns schon, aber weil unsere Herzen so hungrig sind. Aber wenn wir die ganz tiefe Anbetung erleben möchten, dann brauchen wir vorher einen lebhaften Lobpreis. Denn wenn wir einen lebhaften Lobpreis haben, dann werden wir auch eine tiefe Anbetung haben. Und wir werden Seine Herrlichkeit in der ganzen Fülle offenbart sehen.

Vielleicht hast du noch nie etwas von dieser Herrlichkeit gehört. Vor einigen Jahren hatten wir am Ostersonntag in Jerusalem einen vollen Tag. Mein Bruder ging mit seiner Reisegruppe bereits am frühen Morgen in Richtung Jordanien, um von dort in die U.S.A. zurückzufliegen. Der Tag begann für uns mit einem Osternachts-Gottesdienst (bei Morgendämmerung). Dann hatten wir viele Menschen zum Frühstück und verabschiedeten die Reisegruppe. Wir hatten unseren Sonntagsgottesdienst und Mittagessen. Am Nachmittag gingen wir aus, um Händel's „*Messias*" zu hören. Zum Abendgottesdienst kamen wir dann wieder zurück, und ich machte mir Gedanken, ob unsere Gruppe nicht zu müde zum Abendgottesdienst sein würde.

Als wir den Gottesdienst eröffneten, hatte Karen Stage, eines unserer Mädchen ein Wort. Ich bin mir nicht mehr sicher, ob es ein Wort des Lobpreises oder ein prophetisches Wort war, aber auf ihrer Stimme lag so ein Ton der Ewigkeit, der einfach herrlich war. Und dieser Ton brachte eine Erfrischung mit sich. Es war, als hätten wir in einer Sekunde einen ganzen Monat Urlaub gehabt. Wir waren für die Kirche vorbereitet. Nur durch ihre Stimme, brachte der HERR die Atmosphäre der Herrlichkeit in unser Treffen. Es war eine vollkommene Melodie der Herrlichkeit.

Wenn Hitler die Massen in einem negativen Aspekt durch seine Stimme kontrollieren konnte, dann wird Gott Menschen zubereiten, die Seine Salbung auf ihren Stimmen haben. Und wenn sie dann sprechen, dann wird Seine Herrlichkeit offenbart.

Einige Leute sind sehr kritisch mit Bruder Roland Buck und seinen Erfahrungen mit Engeln, die er in seinem Buch „Angels on Assignment" (Engel mit einem Auftrag) niedergeschrieben hat. Als dieses Buch zum ersten Mal gedruckt wurde, brachte uns Mutter eine Kopie mit, als sie uns in Jerusalem besuchte. Als sie es mir laut vorlas, weinten wir beide. Wir wurden so gesegnet durch die Geschichten, die

## DIE SPHÄRE DER HERRLICHKEIT

er schrieb. Sie las eine kurze Zeit und dann weinten wir etwas. Sie las etwas mehr und wir weinten etwas mehr. Und wir wußten, daß dies vom HERRN war.

In dieser Zeit wurde er sehr viel Kritisiert, und jemand brachte uns einige Kassetten, wo er die gleiche Geschichte erzählte, die in seinem Buch aufgeschrieben war. Als ich den Kassetten zuhörte, konnte ich den Klang der Ewigkeit auf seiner Stimme hören. Und ich wußte, daß dies ein himmlischer Klang war. Ich kenne den Klang der Herrlichkeit. Ich mußte nicht einmal zuhören, was er sagte. Ich erkannte die Sphäre des Heiligen Geistes. Es gibt da einen Klang der Herrlichkeit, die der Tiefe des Geistes dient.

Auch William Branham hat diesen Klang der Herrlichkeit auf seiner Stimme.

Der HERR hat Harold Bredeson, einen geisterfüllten holländischen reformierten Diener benützt, um viele Menschen zu segnen. Ich war durch seinen Dienst immer gesegnet worden, weil in seiner Stimme diese Melodie der Ewigkeit zu hören war.

Ganz bestimmte Menschen haben diese Salbung, auch wenn sie nicht gerade den HERRN preisen und IHN anbeten. Sie können über die Gemüsepreise sprechen, über Reis in China und sie haben immer noch diesen Klang der Herrlichkeit auf ihrer Stimme.

Jesus hatte diesen Klang auf Seiner Stimme. Und Gott mag auch uns diesen ganz besonderen Klang geben. Und wir werden diesen Klang auch bekommen, wenn wir den HERRN immer mehr lobpreisen und anbeten.

Gott gebe euch viel Gnade und Frieden durch die Erkenntnis Gottes und Jesu, unseres Herrn!

> *„Alles, was zum Leben und zur Frömmigkeit dient, hat uns seine göttliche Kraft geschenkt durch die Erkenntnis dessen, der uns berufen hat durch seine Herrlichkeit und Kraft."*
> 2. Petrus 1:2-3

Es ist nicht genug, daß die Herrlichkeit des HERRN in China, Afrika oder Asien offenbart wird. Ich muß lernen in der Herrlichkeit so zu leben, daß sie durch mein Leben offenbart wird. Und so sehr die Herrlichkeit in meinem Leben offenbart wird, so multipliziert sich auch die Gnade und der Friede in meinem Leben. Die Herrlichkeit arbeitet in uns und macht uns zu Überwindern in jeder Situation. Die Herrlichkeit wirkt in uns und läßt eine besondere Vortrefflichkeit entstehen. Wir sollten als diejenigen bekannt sein, die sich durch vorzüglichen Geist und durch ganz besondere Dienste auszeichnen. Der einzige Weg durch den wir diese Vorzüglichkeit erreichen ist der, die Sphäre Gottes zu kennen.

Manche von euch werden denken: „Schwester Ruth, ich dachte, daß wir die Herrlichkeit brauchen, daß wir Wunder der Heilung sehen können und auch Befreiungen." Ja, wir möchten das auch und es kommt auch mit der Herrlichkeit. Aber jeder ist eben nicht krank. Aber jeder braucht Frieden und Gnade.

Vor einigen Jahren sprach der HERR in Jerusalem zu mir, daß wir in unserer Bibelschule über die Herrlichkeit des HERRN lehren sollten. Ich fühlte mich aber nicht genug ausgerüstet, um darüber zu

## DIE SPHÄRE DER HERRLICHKEIT

lehren. So rief ich Schwester Victorine Cheek, eine Dame, die schon lange in der Pfingstbewegung lehrte und eine große Bibellehrerin war. Sie lehrte uns einmal in der Woche. „Schwester Victorine", fragte ich sie, „wärest du bereit uns über die Herrlichkeit Gottes zu lehren? Gott hat mir gezeigt, daß wir einige Lektionen auf diesem Gebiet lehren sollten."

Sie sagte „Ja". Aber als sie dann später nochmals darüber nachdachte, dann rief sie zurück und sagte, daß sie noch nicht soweit war, um über die Herrlichkeit des HERRN zu lehren.

Nun, ich wußte daß Gott von uns wollte, daß wir mehr über Seine Herrlichkeit lernen sollten und so entschied ich mich, dies zu lehren, was ich wußte. Ich sagte zu unseren Leuten am ersten Tag: „Ich werde euch jetzt alles lehren, was ich über die Herrlichkeit des HERRN weiß. Und dann werden wir Gott glauben, daß wir eine Offenbarung vom HERRN bekommen, die neue Aspekte der Herrlichkeit aufzeigen soll." Und das taten wir so.

Und Gott begann in Seiner Treue uns zu lehren. Wenn wir in den Bereich der Herrlichkeit hineinsehen, dann versucht der Feind unsere Seelen durch viele Ablenkungsmanöver, daß wir unsere Augen wegwenden vom HERRN und Seiner Herrlichkeit und hinsehen zu den verschiedensten Nöten des Lebens. Gott gab einer unserer Jugendlichen ein Lied:

*Was kommt hervor aus dem Feuer des HERRN?*
*Nur Herrlichkeit, nur Herrlichkeit.*

*Und was ist es, was wir uns wünschen?*
*Nur Herrlichkeit, nur Herrlichkeit.*

*Und wen wünschen wir uns?*
*Nur JESUS, nur JESUS !*

Wir entschieden uns, daß nichts verhindern könnte, daß wir uns nach der Herrlichkeit ausstrecken. Und nun gibt es fast kein Gebetstreffen, ohne daß nicht die Anwesenheit des HERRN in unserer Mitte ist.

Wir begannen damit in der katholischen Kirche St. Peter en Galicantu und es war eine so große ökumenische Gelegenheit - weit entfernt von allem, was auf dem ökumenischen Bereich in dieser Zeit in Jerusalem geschah.

Wir wußten nicht, wie lange wir das Vorrecht haben würden, auf Mt. Zion anzubeten. Wir wußten nicht, was Gott mit uns weiter vorhatte, nur den Anfang kannten wir. Und so versprachen wir dem HERRN, daß wir jede Nacht IHN preisen und anbeten würden, mit aller unserer Kraft. Und sogar in den kalten Nächten half der HERR uns, daß wir dieses Versprechen halten konnten.

Jede Nacht beteten wir so an, als wäre es die einzige Nacht auf Mt. Zion - obgleich wir die Kirche für fast zehn Jahre benutzten und heute immer noch eine enge Beziehung mit ihren Leitern haben.

Lobpreis ist das Hineingehen in die Gegenwart Gottes. Der Geist der Anbetung kommt, wenn wir in einen Platz mit einer großen Salbung kommen.

## DIE SPHÄRE DER HERRLICHKEIT

Jemand sagte, daß wir tiefer hineingehen müssen, um höher zu kommen. Ich denke, daß dies das Gleiche ist, wie die Frage nach dem Kücken und dem Ei - welches kommt zuerst, das Kücken oder das Ei? Ich persönlich glaube, daß wir höher gehen müssen und dann tiefer kommen können. Im Lobpreis steigen wir auf. Je lebhafter der Lobpreis ist, desto größer wird die Tiefe der Anbetung sein.

Lobpreis bringt die Salbung, aber die Anbetung bringt die Herrlichkeit. Wenn du in jedem Gottesdienst die Herrlichkeit haben möchtest, so mußt du auch in jedem Gottesdienst anbeten. So wie wir im Lobpreis stehen, bis die Salbung vergrößert ist, so müssen wir anbeten, bis die Herrlichkeit kommt.

In einigen Gottesdiensten sind wir fähig, länger anzubeten. Ich liebe die Frühgottesdienste, denn wir können uns selbst im Lobpreis und in der Anbetung länger hingeben, bis dann die Herrlichkeit Gottes erscheint. Wenn die Herrlichkeit kommt, dann geschehen zwei Dinge. Zum Einen kommt der Geist der Offenbarung und fängt an, in unseren Herzen zu arbeiten. Zum Zweiten werden wir durch die Herrlichkeit geändert.

*„Der Herr ist der Geist; wo aber der Geist des HERRN ist, da ist Freiheit."*
2. Korintherbrief 3:17

Diese Freiheit kommt durch unsere Anbetung. Vers 18 sagt:

*„Nun aber schauen wir alle mit aufgedecktem Angesicht die Herrlichkeit des HERRN wie in einem Spiegel, und wir werden verklärt in sein Bild von einer Herrlichkeit zur anderen von dem HERRN, der der Geist ist."*

Geh hinein in die Sphäre der Herrlichkeit und sehe die wunderbaren Dinge, die dort auf uns warten.

Eines der wichtigsten Dinge, daß die Herrlichkeit des HERRN offenbart werden kann, ist die Einheit. Wir fanden heraus, daß wir die gleichen Lieder singen und dieselben Tänze tanzen können und dennoch nicht einig im Geiste zu sein. Aber die Herrlichkeit kommt nur dann, wenn wir uns im Geist einig sind. Wenn die Einheit im Geist kommt, dann sind wir uns auch untereinander eins. Und wenn wir eins sind, dann kommt sofort die Herrlichkeit herunter zu uns. Dein Ausstrecken nach der Herrlichkeit des HERRN macht dich ganz einfach willig, daß du bedeutungslose Dinge, für die du immer wieder gekämpft hast, die aber nicht wichtig sind im Lichte der Ewigkeit gesehen, einfach zur Seite legen kannst.

In einem Orchester, das aus verschiedenen Musikern besteht, stimmt jeder sein eigenes Instrument und folgt dann der Leitung des Dirigenten. Sie prüfen nicht selbst, ob einer mit dem anderen übereinstimmt. Aber wenn jeder sich um die Übereinkunft mit dem Dirigenten bemüht, dann sind sie automatisch auch aufeinander eingestimmt. Der HERR zeigte uns, daß wenn in einem Gottes-

## DIE SPHÄRE DER HERRLICHKEIT

dienst, die Aufmerksamkeit eines jeden nur auf den HERRN ausgerichtet ist, dies ist dann Einheit und Einmütigkeit.

Ich liebe dieses Lied so sehr:

> *„Achte nicht mehr auf dich selbst,*
> *bete Jesus an und liebe IHN!"*

Als wir eines Morgens alle zusammen im Gebetstreffen in Bethlehem waren, waren wir noch etwas müde von der Nacht zuvor. An diesem Morgen gab es einen Bruder, der innerhalb der nächsten 2 Minuten auf „den Berg des HERRN" gerannt war und der dort oben schon sein Banner schwenkte. „Ich bin hier, ich bin hier," rief er. Und niemand sonst hatte den Fuß des Berges erreicht.

Am Anfang der Pfingstbewegung war es so, daß, wenn jemand gesegnet wurde, dann sahen die anderen zu, wie er gesegnet wurde und beobachteten ihn und waren selbst glücklich darüber. Und so tippte ich ihm auf die Schulter und sprach: „Komm wieder zurück, wir wollen gemeinsam auf den Berg des HERRN gehen."

Es ist nicht dieser Tag, wo eine Person in die Herrlichkeit Gottes kommt und der Rest sitzt da und hört zu. Oh nein! Dies ist der Tag, in welchem alles Fleisch zusammen kommt und die Herrlichkeit gemeinsam sieht. Es gibt nichts Schöneres, als wie wenn die Herrlichkeit des HERRN gemeinsam einer ganzen Gemeinde offenbart wird!

An diesem Morgen kam unser Bruder wieder herunter und wir fuhren fort, den HERRN zu preisen, bewegten uns aufwärts, bis wir alle zusammen übereinstimmten. Und durch dieses Zusammenfließen kamen wir höher und höher. Und als wir dann anfingen den HERRN anzubeten, kam die Herrlichkeit des HERRN zu uns allen. Als dann ein paar Stunden vorbei waren, tippte ich ihm auf die Schulter und fragte ihn: „War das nicht besser?"

„Ja", antwortete er, „es ist besser, wenn alle die Herrlichkeit gemeinsam erleben." Und Gott lehrt uns, wie wir es tun sollen. Was früher immer wieder bei Einzelpersonen geschehen war, passiert jetzt in großen Gemeinschaften. Es war dieser „gemeinschaftliche" Aspekt im Lobpreis, der neu war, als wir zuerst nach Jerusalem kamen.

*„Die sollen dem HERRN danken für seine Güte und für seine Wunder, die er an den Menschenkindern tut, und ihn in der Gemeinde preisen und bei den Alten rühmen."* Psalm 107:31.32

Liebe Pastoren und Lobpreisleiter, seid nicht beunruhigt, wenn ihr versucht, auf diesen Wegen zu gehen und es scheint nicht zu funktionieren. Gott wird euch lehren. Wir lernen manchmal einfach mehr durch unsere Fehler. Wenigstens wissen wir, daß wir einen Fehler gemacht haben. Wir gingen ganz einfach in unseren eigenen Formen der Anbetung und Liturgie.

Wir möchten, daß sich die Herrlichkeit des HERRN in der Mitte Seiner Menschen offenbart in diesen Tagen. Und Gott hilft uns, daß wir wissen, wie wir IHN preisen, wie wir IHN anbeten und er-

## DIE SPHÄRE DER HERRLICHKEIT

heben, solange bis Seine Herrlichkeit offenbart ist.

Im Bereich der Anbetung werden wir uns immer mehr der Liebe Gottes bewußt. Aber in der Sphäre der Herrlichkeit erkennen wir dann Seine Heiligkeit. Und dies ist es, wenn die Engel singen: *„Heilig! Heilig! Heilig!"*

> *„Und einer rief zum anderen und sprach: „Heilig, heilig, heilig ist der HERR Zebaoth, alle Lande sind seiner Ehre voll!"* Jesaja 6:3

Und wenn wir in diese Sphäre der Herrlichkeit eintreten, dann verstehen wir nicht nur, daß die Engel heilig singen, dann singen wir mit ihnen!

*DIE SPHÄRE DER HERRLICHKEIT IST
DIE SPHÄRE DER EWIGKEIT !*

# DIE LEICHTIGKEIT

# IN DER

# HERRLICHKEIT

## Ich stehe in der Herrlichkeit des Herrn

Ich stehe in der Herrlichkeit des Herrn
und seh' Sein Angesicht, mein teurer Herr.
Ich stehe in der Herrlichkeit des Herrn
und seh' Sein Angesicht, mein teurer Herr.

*„So laßt uns nun bemüht sein, zu dieser Ruhe zu kommen, damit nicht jemand zu Fall komme durch den gleichen Ungehorsam."*
Hebräerbrief 4:11

Das Erste, was wir spüren, wenn wir in die Sphäre der Herrlichkeit kommen, ist die Leichtigkeit, die sie bringt. Die Herrlichkeit bringt eine Leichtigkeit in jedem Aspekt des Dienstes. Die Herrlichkeit bringt eine Leichtigkeit, zum Beispiel im Dienst der Heilung. Wir haben schon für Kranke gebetet, in einer anderen Dimension, aber wenn wir in den Bereich der Herrlichkeit kommen, dann geschieht Heilung ganz einfach. Es gibt kein Abmühen mehr.

Die Herrlichkeit bringt eine Leichtigkeit auf dem finanziellen Gebiet. Dort wo wir die Menschen gefragt haben, und manchmal sogar gedrängt haben, Gott zu geben, wenn die Herrlichkeit dann offenbart ist, dann geben die Menschen schnell und ganz bewußt gern.

In welchen Bereich des Dienstes wir auch immer von Gott berufen worden sind, die Herrlichkeit bringt immer eine Leichtigkeit mit sich und wir müssen uns nicht mehr so abmühen, wir streiten nicht mehr so und strengen uns nicht mehr so an. Es ist manchmal so, als sind wir auf einer „Heiligen-Geist-Achterbahn". Du läßt den HERRN der Herrlichkeit die Arbeit tun.

„Was mache ich in den Extremsituationen des Lebens?" fragst du. Versuche mit Gott allein zu sein, fange an IHN zu preisen, gehe dann hinein in die Anbetung und laß dann die Herrlichkeit Gottes auf dich fallen und du wirst dich selbst dann als Überwinder kennenlernen. Und Gott wird zu deinen Gunsten arbeiten.

Vor einigen Jahren, als ich von einer Überseereise zurückkam, ging ich in unsere Gemeinde in Jerusalem. Noch nie hatte ich die Herrlichkeit Gottes so sehr gespürt wie an diesem Tag. Seine Gegenwart verbreitete ein Gefühl der Ehrfurcht. Ich spürte dies noch nie so stark. Viele von uns haben schon erlebt, was wir „heilige Stille" nennen. Nach einem jubelnden Lobpreis und viel Anbetung, scheint es, als ob der Dirigent sein Orchester zu einem ruhigen Moment nach dem Crescendo gebracht hat und jeder steht in absoluter Ruhe und spürt nur noch die königliche Gegenwart von Gottes Herrlichkeit.

An diesem Tag in Jerusalem spürte ich es wie noch nie zuvor. Und plötzlich wußte ich, wie einfach es ist, Tote aufzuerwecken und alle Formen von Krankheiten und Schwächen zu heilen. Wie einfach ist es - in dieser Sphäre der Herrlichkeit! Wie einfach ist es, wenn Menschen aus Rollstühlen hüpfen und von Krankenbetten

**DIE LEICHTIGKEIT IN DER HERRLICHKEIT** 165

aufstehen! Wie einfach ist es, daß Blinde sehen und Taube hören können! In dieser Sphäre ist nichts unmöglich.

Wir waren zwei bis drei Stunden in dieser Herrlichkeit. Gott gab uns damit einen Vorgeschmack für einen größeren Tag, so wie ER es oft tut, daß wir selbst ermutigt sind und auch andere ermutigen können, in diesen Bereich hineinzugehen.

Gott zeigte mir, daß dies dann der Tag sein würde, an dem kein „Tod" mehr in mir sein würde, keine Bitterkeit, kein Streit, keine Kritik (nichts, was mit Tod zu tun hat), und dann könnte ich auch dem Tod befehlen. Wenn jedoch der Tod noch in mir arbeitet, dann habe ich keine Autorität über den Tod. Wenn nur das Leben durch mich fließt, dann habe ich Autorität über den Tod und ich kann ihm im Namen des HERRN befehlen. Wir müssen in die Auferstehungskraft Gottes hineinkommen. Und wenn wir in die Herrlichkeit des HERRN eintreten, dann werden wir Wunder erleben, wie sie die Welt noch nicht gesehen hat.

Katherine Kuhlmann hat im Bereich der Herrlichkeit gedient. Sie sprach nur das aus, was sie Gott tun sah.

William Branham diente in der Herrlichkeit.

Es gibt heutzutage einige einzelne Menschen, die lernen im Bereich der Herrlichkeit zu fließen. Aber Gott wird ganze Gemeinden in aller Welt dazu bringen, daß sie in diesen Bereich hineingehen.

Wenn wir gelernt haben, im Lobpreis zu stehen und wirkliche „Lobpreiser" zu werden (was wir bisher nicht waren), wenn wir gelernt haben, wirklich anzubeten und „Anbeter" zu werden (was wir bisher nicht waren), kann uns dann Gott nicht zu „herrlichen" Dienern machen mit einer „herrlichen" Salbung?

Die Schrift sagt:

*„Denn die Erde wird voll werden von Erkenntnis der Ehre des HERRN, wie Wasser das Meer bedeckt."* Habakuk 2:14

Gott sagt nicht, daß Seine Herrlichkeit notgedrungen auf die Welt kommen wird. Nein! Gott hat immer irdene Gefäße benützt. Und wenn wir dann einen Wachstum der Herrlichkeit des HERRN auf der Erde haben werden, dann wird es durch Menschen sein, die sind wie du und ich. Wir müssen vertraut werden mit der Herrlichkeit des HERRN. Wir müssen die Sphäre der Herrlichkeit so erleben, wie noch niemals zuvor.

Jedes geisterfüllte Kind Gottes hat das Vorrecht, die Herrlichkeit und die Leichtigkeit in einen Gottesdienst, in ihr eigenes Leben, in ihre Haushaltungen, in ihre Kirchen, in ihre Gemeinschaften und in ihre Nationen zu bringen. Wir tun dies mit unseren Stimmen. Das Erheben der Stimme bringt eine andere Atmosphäre in einen Raum.

Mein Freund, Don Walker sagt: „Die Fruchtbarkeit der Saat wird nicht von der Saat selbst bestimmt. Es wird durch den Untergrund bestimmt. Wenn das Fundament durch den Heiligen Geist vorbereitet ist, die Saat aufzunehmen, dann wird hundertfache Frucht hervorkommen." In der Herrlichkeit sind wir der fruchtbare Untergrund und können dadurch hundertfach Frucht bringen.

Wenn die Herrlichkeit anwesend ist, dann mußt du

## DIE LEICHTIGKEIT IN DER HERRLICHKEIT

nicht mehr so in deinem Dienst arbeiten, wie du es gewöhnt bist. Du mußt in deinem Geschäft nicht mehr so arbeiten, wie es bisher war. Du mußt in deiner Familie nicht mehr so arbeiten, wie du es gewöhnt bist. In der Herrlichkeit des HERRN gibt es eine Ruhe und eine Leichtigkeit.

> *„So laßt uns nun bemüht sein, zu dieser Ruhe zu kommen, damit nicht jemand zu Fall komme durch den gleichen Ungehorsam."*
> Hebräerbrief 4:11

Der Hebrärbrief zeigt uns ein Paradox. Es gibt ein sich abmühen, eine Anstrengung. Aber du bemühst dich nur, in diese Ruhe zu kommen. Wenn du einmal hineingekommen bist, dann kennst du auch den Rest.

*DIE HERRLICHKEIT
BRINGT EINE LEICHTIGKEIT !*

# DIE OFFENBARUNG DURCH DIE HERRLICHKEIT

## Die Herrlichkeit bringt dich

Die Herrlichkeit bringt dich,
In die Leichtigkeit.
Die Herrlichkeit bringt dich,
In die Leichtigkeit im Geist.
Ich liebe deinen Weg,
Deinen Weg im Himmel.
Ich liebe deinen Weg,
Deinen Weg in der Wolke.

*„Denn Gott, der sprach: Licht soll aus der Finsternis hervorleuchten, der hat einen hellen Schein in unsre Herzen gegeben, daß durch uns entstünde die Erleuchtung zur Erkenntnis der Herrlichkeit Gottes in dem Angesicht Jesu Christi."*
2. Korintherbrief 4:6

Die Herrlichkeit bringt Offenbarung. Und so sehr wie Seine Gegenwart sich offenbart, so sehr beginnst du, in diesen Bereich der Herrlichkeit hineinzusehen.

Offenbarung beginnt immer mit dem HERRN. Die Offenbarung mag einfach sein, wenn du anfängst, IHN zu sehen. Manche sehen nur Seine Füße. Manche nur Seine Hand. Einige sehen Sein Gesicht.

Woher kommt *„die Erleuchtung zur Erkenntnis der Herrlichkeit Gottes"*? Sie kommt von dem *„Angesicht Jesu Christi"*. Das ist auch der Grund, daß ich in einen Gottesdienst komme und anfange Gott zu preisen. Und dann mache ich weiter in der Anbetung. Und wenn ich dann anbete, dann fange ich an, den HERRN zu sehen. Die Herrlichkeit bringt eine besondere Salbung zum Sehen. Ich bin sicher, daß viele von euch noch nie das Gesicht des HERRN gesehen haben. Ich kann dir versichern, daß dann, wenn du anbetest bis die Herrlichkeit kommt, dann wirst du IHN sehen. Und je mehr du anbetest und je mehr die Herrlichkeit offenbart wird, desto mehr wirst du IHN sehen. Und du wirst dann dorthin kommen, daß du niemals mehr anbetest ohne das Gesicht des HERRN zu sehen.

Die *"Erkenntnis der Herrlichkeit Gottes"* kommt von dem *"Angesicht Jesu Christi"*. Und deswegen müssen wir diejenigen sein, die sein Gesicht sehen können. Und das ist kein Vorrecht einer ganz auserwählten Gruppe. Jedem von uns sind diese Augen gegeben, daß wir gesalbt sind zu sehen.

In den frühen Tagen der Pfingstbewegung wurden wir nicht gelehrt, daß ein jeder sehen kann. Wir glaubten an Visionen und es gab immer welche, die sie hatten. Und weil wir nicht so gelehrt waren, daß wir alle sehen können, waren viele von uns ohne geistiges Sehen für viele Jahre. Eines Tages sprach Gott in Jerusalem zu uns, daß der ganze natürliche Mensch sieht, hört und fühlt. Wenn jemand nicht hören kann, dann sagen wir, daß er „taub" ist. Wenn er nur wenig hört, dann nennen wir ihn „schwerhörig". Wenn er überhaupt nicht sieht, dann sagen wir, daß er „blind" ist, wenn er nur wenig sieht, nennen wir dies „kurzsichtig". Und bis in diese Tage wurden wir noch nie gelehrt, daß wir alle im Geist sehen können.

Gott möchte uns in Visionen vor Seinen Thron bringen. ER möchte uns das Gesicht Jesu zeigen.

**DIE OFFENBARUNG DURCH DIE HERRLICHKEIT 173**

Und wenn wir Jesus ansehen, dann werden wir geändert. Jedesmal wenn ich in der Herrlichkeit des HERRN stehe, dann in Sein Gesicht sehe, dann möchte ich mehr wie ER sein. ER ist das Beispiel. Es ist in dieser Herrlichkeit, daß ich IHN sehe und wünsche, daß ich so verwandelt werde, um so zu sein wie ER.

Auch außerhalb der Herrlichkeit mag es ein allgemeiner Wunsch sein, so zu sein wie ER. Aber in der Herrlichkeit weiß ich, was es heißt, so wie ER zu sein. Ich kann Seine Barmherzigkeit erkennen. Ich erkenne Seine Liebe. Und ich kenne Seine Gnade und Güte. In der Herrlichkeit erkenne ich IHN in einer Art, wie ich IHN sonst niemals kennen würde.

Der HERR möchte uns so salben, daß wir sehen können. Alles was Hesekiel sah, das kannst du und ich auch sehen. Alles was Johannes in der Offenbarung sah, kannst du und ich auch sehen. Wir wurden bisher einfach nicht genug gelehrt, um in der Sphäre des Geistes sehen zu können. Gott zeigte mir, daß dann, wenn Menschen darüber gelehrt werden, daß es für sie einfach ist, das Gesicht des HERRN zu sehen. Und ich probierte dies im Sommer-Campmeeting.

Schwester Gladys Faison, die unsere Kirche schon fünfzehn oder zwanzig Jahre besuchte, kam weinend zu mir auf das Podium in dieser Woche.

„Schwester Faison, warum weinst du", fragte ich sie.

Sie antwortete mir: „Ich war so sehr gesegnet. In all diesen Jahren habe ich mich abgemüht, weil ich eine Vision des HERRN sehen wollte. Ich kämpfte, weil ich in den Himmel hineinsehen wollte. Ich strengte mich an, mühte mich ab, weil ich etwas Ewiges sehen wollte. Und diese Woche, während wir in anderen Sprachen gesungen haben, habe ich den HERRN jeden Tag gesehen. Ich sah in den Himmel hinein. Und es kam so einfach. Ich wußte nicht, daß es so einfach war." Und viele andere hatten genau die gleichen Erfahrungen.

Manchmal diene ich in Kirchen, die einige hundert Mitglieder haben, aber niemand von ihnen hat jemals das Gesicht des HERRN gesehen. Wenn dann die ganze Gemeinde steht und den HERRN für zehn bis fünfzehn Minuten wirklich anbetet, dann sehen wenigstens fünfzig von ihnen den HERRN zum ersten Mal.

Warum geschieht es dann und ist so einfach? Denn sie wurden gelehrt zu sehen und sie erwarteten zu sehen. Wenn du erwartest, daß du siehst, dann fängst du auch an zu sehen.

*„Der HERR ist der Geist; wo aber der Geist des HERRN ist, da ist Freiheit. Nun aber schauen wir alle mit aufgedecktem Angesicht die Herrlichkeit des HERRN wie in einem Spiegel und wir werden verklärt in sein Bild von einer Herrlichkeit zur anderen, von dem HERRN, der der Geist ist."*

2. Korintherbrief 3:17-18

**DIE OFFENBARUNG DURCH DIE HERRLICHKEIT**

Egal welche Erfahrung du in Gott hast, es gibt nichts Aufregenderes als in Sein Angesicht zu sehen. Und in der Herrlichkeit lernst du dann ganz allmählich, wie du Sein Gesicht immer öfters siehst. Sein Gesicht ist nicht schwer zu erfassen. Und du siehst es nicht durch ein dunkles Glas. Du siehst IHN von Angesicht zu Angesicht. Ich erinnere mich an die Zeit, als ich Sehnsucht danach hatte, IHN so zu sehen. Einige meiner Freunde hatten IHN schon von Angesicht zu Angesicht gesehen, aber ich noch nicht. Und ich wußte nicht, wie ich es tun sollte. Ich wünschte mir, daß jemand über dieses Thema bereits gelehrt hätte. Ich war so hungrig, so sehr hungrig, Sein Gesicht zu sehen. Und ich bin dankbar, daß ER mich lehrte, wie ich es kann.

Ich erinnere mich noch an die Tage, wenn Irene weinte, weil alle Visionen hatten und sie hatte keine. Jetzt wirkt der Geist der Offenbarung so wunderbar in ihr, daß es eine Freude ist, mit ihr in einem Treffen zusein.

Wenn du solange im Lobpreis stehen möchtest, bis der Geist der Anbetung kommt und solange anbeten willst, bis die Herrlichkeit Gottes spürbar ist, dann wirst du den HERRN sehen. ER wird sich dir offenbaren auf allen möglichen, wunderbaren Wegen. Du wirst IHN immer klarer sehen und wirst IHN immer mehr und vertrauter kennenlernen - bis dein Herz überfließt mit einem Liebeslied für IHN, so sehr, daß du dein eigenes Hoheslied schreiben kannst.

Viele Jahre habe ich die Schriftstellen nicht ganz verstanden, wo der HERR sagte „Suche mein Angesicht". Seit ich jedoch ein Anbeter geworden bin, habe ich gelernt, daß der Wille Gottes und Seine Pläne in Seinem Gesicht gesehen werden kann. Wenn du Sein Gesicht betrachtest, dann kennst du Seine Pläne. Du kennst Seine Gefühle. Du kennst Seine Wünsche. Du siehst Sein Herz.

Ich habe in Seinem Antlitz das Erntefeld der ganzen Welt gesehen. Ich habe in Seinem Antlitz die ganzen Landkarten der Welt gesehen.

Die Offenbarung des Johannes ist ein gutes Beispiel für uns. Überall, wo er gesehen hat, können wir auch sehen. Fast jedes Kapitel der Offenbarung enthält die Worte: „Ich sah".

*„Und ich wandte mich um, zu sehen nach der Stimme, die mit mir redete. Und als ich mich umwandte, sah ich sieben goldene Leuchter."*

Offenbarung 1:12

Johannes drehte sich um, um zu sehen. Danke dem HERRN für das Umdrehen, durch das wir in die Sphäre der Herrlichkeit hineinsehen können. Es gibt Menschen, die müde sind über Änderungen. Andere haben Angst vor Änderungen. Sie sagen: „Sag mir nicht, ich soll mich noch weiter ändern, um Gott zu sehen", wenn die leichteste Drehung sie in den Platz bringen würde, daß sie IHN sehen würden. Lasse dich nicht ermüden durch persön-

## DIE OFFENBARUNG DURCH DIE HERRLICHKEIT 177

liche Sorgen, wenn es dafür ist, Gott zu sehen. Johannes wandte sich um und ersah.

Und was sah er? Er sah sieben goldene Leuchter. Am Ende des Kapitels lernen wir dann, daß die sieben goldenen Leuchter die tatsächlichen sieben Gemeinden sind. Wenn du ein Problem hast, den HERRN zu sehen, dann kannst du eines wissen: ER wird immer unter Seinen Menschen zu finden sein, in der Mitte der Gemeinde. Manchmal gehen Menschen von den Gemeinden weg, weil sie durch zu viele Lebensnöte gegangen sind, zu viele Bürden getragen haben und viele Prüfungen durchmachen mußten. Sie gehen weg von der Religion. Und sie gehen weg von denen, die sie lieben.

„Ich habe die Nase voll", sagen sie. „Ich habe genug".

Du wirst den HERRN immer in der Mitte Seiner Kirchen finden, egal wie unvollkommen sie auch sind. Dort ist der Platz, wo ER gefunden werden möchte und dort ist der Platz, wo ER gefunden wird. Und dort ist der Platz, wo ER gesehen wird. ER liebt die Kirche und hat sich selbst für sie hingegeben.

Es macht keinen Unterschied, wo wir uns treffen, ob in einer gotischen Kathedrale oder in einem Haus in den Vororten. ER liebt die Kirche und wird immer in ihrer Mitte gefunden werden. Wenn du den HERRN sehen möchtest, dann sehe in die Kirche. Johannes wandte sich um und sah sieben goldene Leuchter.

„Und mitten unter den Leuchtern einen, der war einem Menschensohn gleich, angetan mit einem langen Gewand und gegürtet um die Brust mit einem goldenen Gürtel.

*„Sein Haupt aber und sein Haar war weiß wie weiße Wolle, wie der Schnee und seine Augen wie eine Feuerflamme."* Offenbarung 1:13-14

Ich sah in diese Augen, die wie Feuerflammen sind. Und ich habe Seine Liebe gespürt, brennend wie Feuer brennt. Und dieses „Feuer der Liebe" kann nicht gelöscht werden, bis alle Seine Zwecke für diese Welt erfüllt sind. Diese Leidenschaft für menschliche Seelen und für eine verlorene Welt kann nie mehr geringer werden. Ich sah in Seine Augen und habe die ganzen Nationen der Welt gesehen. Ich sah in Seine Augen und sah Sein Herz weinen (im Zusammenhang mit der Zeit und dem was auf Erden passierte).

Wenn du das Herz Gottes sehen möchtest, dann sehe in Seine Augen. Und du wirst Sein Herz sehen. Wissen und Weisheit kommen aus den Augen des HERRN.

Vielleicht siehst du Seinen Mund oder andere Gesichtszüge. Und wenn du dann in Seiner Anwesenheit wartest, dann zeigt ER dir vielleicht anderes - wenn du dir Zeit dazu nimmst. (Meistens haben wir nicht Zeit für das, was ER uns zeigen möchte). ER zeigt dir Teile des Himmels. ER zeigte mir Seinen wunderbaren Rosengarten, Seinen Garten der Liebe, größer als die Gärten von Shalimar in Kashmir, Indien oder andere ähnliche Gärten in

## DIE OFFENBARUNG DURCH DIE HERRLICHKEIT 179

der Welt. Es gibt keine Dornen an den Rosen und die Blumen werden niemals welk. ER zeigt dir vielleicht die Bäume, die im Himmel blühen.

ER mag dir das himmlische Musikzimmer des Himmels zeigen. Als ich dieses Zimmer sah, war es ähnlich einer großen Bibliothek mit hohen Regalen und Leitern an der Seite, um hinaufsteigen zu können. Ich sah Engel, die Manuskripte herausholen und sie in die Münder von Gläubigen legten, die dem HERRN ein neues Lied singen wollten. Du magst einen Engel sehen, der ein neues Lied vor dich hinsetzt und es in dich hineinlegt.

ER mag dir alle Schönheiten zeigen, die ER vorbereitet hat, für die, die IHN lieben.

Vielleicht zeigt ER dir auch den Raum Seiner Herrschaft, wo ER dir zeigt, welche Anordnungen ER gerade für Seine Engel trifft. Du magst gerade sehen, wie die himmlischen Heerscharen ausgesandt werden. Du magst sehen, wie ER gerade einzelne Engel beauftragt und aussendet, um in einzelnen Gebieten der Welt zu helfen.

Gott hat mir so viele wunderbare Dinge über den Himmel gezeigt. Eines hat mich jedoch am Meisten beeindruckt, nämlich daß es keine Grenzen und auch sonst keinerlei Beschränkungen gibt. Im Natürlichen brauchst du garnicht weit gehen, bis du nicht an irgendeine Grenze kommst. Aber wenn du im Geist in die himmlischen Örter gehst, dann gibt es keine Grenzen dort und keine Einschränkungen. Millionen von Meilen in jeder Ausdehnung sind dort offen für dich.

Viele haben uns ihre Erlebnisse im Himmel mitgeteilt. Mein Onkel, Dr. William A. Ward hatte so wundervolle Erlebnisse im Himmel, die er uns mitteilte. Er wurde immer wieder in den Himmel emporgehoben. Gott möchte, daß wir alle die Salbung bekommen, daß wir sehen können.

> „Was kein Auge gesehen hat und kein Ohr gehört hat und in keines Menschen Herz gekommen ist, was Gott bereitet hat denen, die ihn lieben."  1. Korintherbrief 2:9

Aber das ist nicht das Ende der Gedanken.

> *„Uns aber hat es Gott offenbart durch seinen Geist; denn der Geist erforscht alle Dinge, auch die Tiefen der Gottheit."* 1. Korintherbrief 2:10

Gott möchte, daß wir im Bereich Seiner Offenbarung leben. Und wir können nur dann im Gebiet der Offenbarung leben, wenn wir auch in der Herrlichkeit des HERRN leben.

> *„Denn die Herrlichkeit des HERRN soll offenbart werden und alles Fleisch miteinander wird es sehen; denn des HERRN Mund hat es geredet."*  Jesaja 40:5

Die Zeit kommt, daß alles Fleisch miteinander die Offenbarung der Herrlichkeit des HERRN sehen

## DIE OFFENBARUNG DURCH DIE HERRLICHKEIT

wird. In diesen Tagen kommt Gott einzeln zu uns, um uns Seine Herrlichkeit, Seine Macht und sich selbst zu zeigen.

Wir haben schon Zeitperioden von einigen Wochen erlebt, wo Menschen in Jerusalem den HERRN gesehen haben, aber nicht nur in Visionen, sondern auch persönlich. ER kam zu ihnen in körperlicher Gestalt. Sie sahen IHN in den Straßen Jerusalems gehen. ER sprach zu ihnen. Wir hatten viele herrliche Besuche von Engeln, wo Menschen neben Engeln saßen und mit ihnen sprachen. Sie standen bei Engeln und es wurde ihnen von Engeln gedient. Sie können eine ganze Stunde über solche Erfahrungen sprechen. Es geschieht in der Herrlichkeit.

Du magst sagen: „Schwester Ruth, für all das bin ich nicht geistlich genug. Ich bin ein junger Gläubiger." Wir finden oft, daß junge Gläubige viel leichter in diese Dinge hineinkommen, denn sie müssen nichts *„verlernen"*. Viele haben den Eindruck, daß diese Dinge nur für einzelne Auserwählte ist. Was mich selbst betrifft, so war ich willig, für Gott zu leben und zu reisen, und tat dies für viele Jahre, nur geleitet von der Stimme Gottes und ich sah keine Visionen. Aber seit Gott mich so erweckt hat, daß ich genausogut sehe, ist mein Leben in eine neue Fülle gekommen, wie ich sie noch nie erlebt habe.

Im Natürlichen kenne ich nichts Schlimmeres als Blindheit - nicht fähig zu sein, die Schönheiten der Natur zu sehen. Und für einen Christen ist es genauso schlimm - blind zu gehen, ohne den HERRN zu sehen. Durch geistliches Sehen spricht der HERR auch zu uns.

Wir müssen nicht blind gehen. Gottes Herrlichkeit ist offenbart. Wenn wir den Glauben haben können, daß Menschen geheilt sind, wenn wir den Glauben für Finanzen haben können, wenn wir den Glauben für Nationen haben können, können wir dann nicht den Glauben haben auf dem Gebiet der Anbetung und glauben, daß wir die Herrlichkeit Gottes sehen können? Sagte nicht Jesus: *„Wenn du glaubst, dann wirst du die Herrlichkeit Gottes sehen?* (Johannes 11:40). Gott möchte uns auf diesem Wege salben, daß wir in unseren Herzen den Wunsch haben, daß wir die Herrlichkeit Gottes erkennen können.

In unseren Campmeetings durch all die Jahre, hatten wir herrliche Besuche von Engeln. Wir haben erlebt, daß in der Nacht die Herrlichkeit Gottes gekommen war und den Menschen gedient hatte. Der König der Herrlichkeit ist anwesend, so wie Gott versprochen hat. Aber in diesen letzten Tagen werden wir beides sehen: eine größere Gegenwart und eine Zunahme der himmlischen Heerscharen.

Wenn du deinen Kopf erhebst im Lobpreis und dich hochheben läßt vom Heiligen Geist in die Anbetung, dann wird der König der Herrlichkeit einziehen. ER wird deine Kämpfe für dich kämpfen. ER wird eine Leichtigkeit in deinen Dienst und dein persönliches Leben bringen. Seine Engel werden immer mehr gesehen werden in unseren Gottes-

**DIE OFFENBARUNG DURCH DIE HERRLICHKEIT 183**

diensten, solange bis der HERR wiederkommt. Die Herrlichkeit des HERRN wird offenbart werden und alles Fleisch wird es miteinander sehen.

Wenn du ein erfolgreicher Fürbitter sein möchtest, dann mußt du diese Sphäre der Herrlichkeit kennen. Sonst wirst du im Bereich des Verstehens leben und deine meiste Zeit damit zubringen, für die falschen Dinge zu beten. Wenn du jedoch in den geistlichen Bereich hineingehst, dann zeigt dir der Heilige Geist, wo dein Ziel ist.

Eine Zeit lang kam ein Diplomat von der australischen Botschaft in Tel Aviv jedes Wochenende zu unseren Versammlungen. Dies war gerade in einer Zeit, als China anfing, sich zu öffnen und als dann soviel Aktivitäten im Nahen Osten waren. Er hatte Zutritt zu diplomatischen Kreisen, konnte verschiedene Informationen vom Mossad (isr. Geheimdienst), vom CIA, vom brit. Geheimdienst, von Australien und anderen westlichen Nationen erhalten. Es war seine Aufgabe dem Außenministerium in Canberra Fernschreiben über neue Informationen und neue Bewegungen zu senden. Er sagte uns, daß die Informationen durch den Heiligen Geist in unseren Gebetstreffen den diplomatischen Informationen sechs Monate voraus war, was China betraf.

Als wir eines Tages im Gebetstreffen waren, zeigte uns Gott, daß Syrien in den Libanon-Krieg eintreten würde. Bis zu diesem Zeitpunkt war Syrien noch nicht hineinverwickelt und hatte sich nur auf eigenem Territorium aufgehalten.

Dieser Mann war sehr aufgeregt, über das was Gott uns gezeigt hatte und wollte daraufhin handeln. Er konnte jedoch kein Telex senden mit dem Wortlaut: „Ich war im Gebetstreffen auf Mt. Zion und Gott hat uns eine Vision gezeigt und wir wissen jetzt, daß Syrien in den Krieg eintreten wird." Er brauchte etwas mehr Konkretes. Er suchte in den Lokalblättern sehr genau, ob er eine Andeutung darin finden könnte.

Ein oder zwei Tage später machte dann Premierminister Menachem Begin eine Aussage, daß Syrien wohl bald in den Krieg eintreten würde. Ausgestattet mit dieser neuen Information ging der Diplomat dann zu seinem Botschafter und sagte: „Ich denke, wir sollten diese Information nach Canberra senden."

„Das war nur eine spontane Aussage", antwortete der Botschafter ihm. „Wir können nichts auf einer zufälligen Aussage aufbauen." (Natürlich wußte ich, daß Menachem Begin niemals eine spontane Aussage machte).

Als unser Freund jedoch begann, auf Konsequenzen zu drängen, antwortete der Botschafter: „Hören Sie, ich habe heute ein Dinner mit verschiedenen Botschaftern. Lassen sie mich zuerst meine Fühler ausstrecken. Wir können morgen dann immer noch Ihre Botschaft senden."

Als er am nächsten Tag in das Büro kam, sagte er nur „Senden Sie es". Nach ein paar Tagen trat Syrien in den Krieg ein.

## DIE OFFENBARUNG DURCH DIE HERRLICHKEIT

Oft gab es ähnliche Situationen, in welchen der Heilige Geist ganz besonders treu war. Gott möchte, daß wir durch den Lobpreis und die Anbetung in Seine Herrlichkeit hineinkommen und dadurch in den Bereich der Offenbarung, so daß wir besonders erfolgreich im Gebet sein können.

Gerade bevor die finanziell schwierigen Zeiten in den achtziger Jahren nach Dallas kamen, war ich gerade bei einem sehr gutsituierten Ehepaar, die gläubig waren. Und als ich ihnen gegenüber saß in Dallas/Fort Worth Airport, und gerade eine Erfrischung vor dem Abflug zu mir nahm, sah ich ein rotes Wollknäul, das durch Knoten ganz verwirrt war. Ich konnte das Ende nicht vom Beginn unterscheiden. Ich wußte jedoch, daß das verwirrte Wollknäul ihre Finanzen darstellte. Ich begann jedoch, die Vision zu beschreiben.

„Ich sehe einen ganz verwickelten Wollknäul in roter Farbe und Gott zeigt mir, daß dies eure finanzielle Situation darstellt. Eure finanzielle Situation ist so verwickelt, daß ich den Anfang vom Ende nicht unterscheiden kann."

„Ich sehe die Hand Gottes hineinreichen, das Ende festhalten und die ganzen Verwirrungen auflösen."

Das war alles, was ich sagte, aber ihre Augen füllten sich mit Tränen. In einigen Minuten nur hatte Gott ihren Nöten gedient in ihrem Leben. Es war so einfach.

Als ich 1988 in Houston war, gab eine Freundin von mir eine Frühstücksversammlung, um mich ihren Freunden vorzustellen. Als ich meinen Teller bekam und mich niedersetzte, sprachen die Menschen neben mir über das Rindfleisch aus Texas. Und genau dann, und nicht als ich mich hinsetzte, fing ich an eine Vision über die Frau neben mir zu sehen. Ich sah drei oder vier Pfeile, die in ihr Herz auf jeder Seite hineingingen. Und ich beschrieb ihr, was ich sah.

Ich sah die Hand Gottes hineinreichen und jeden Pfeil nach dem anderen herausziehen. Und in ganz kurzer Zeit war jeder der Pfeile direkt vor meinen Augen herausgezogen worden.

Und so schnell, wie ich ihr die Vision beschrieb, hatte Gott die Arbeit getan. Tränen strömten über ihre Wange. Und es war so einfach.

Einmal verließ ich China und beabsichtigte, direkt nach Jerusalem zu fliegen. Der HERR sprach zu mir und sagte: „Ich möchte, daß du nach Japan gehst. Du wirst keine Zeit haben, dort zu dienen, aber ich werde jemanden zu dir senden, der in vielen Versammlungen spricht. Ich möchte, daß du ihm sagst, über was er sprechen soll!"

Ich fragte den HERRN: „Wen willst du mir schicken?"

ER erinnerte mich daran, daß ich und Susan vor zwei Jahren auf dem Gebetsberg in Korea mit Schwester Choi etwas Zeit verbrachten. Sie sprach kein englisch und wir sprachen nicht koreanisch. Sie sprach japanisch, wie es viele Koreaner tun (wegen der japanischen Besatzung). Ein Bruder aus Japan war dort zu Besuch, und so sprach sie zu ihm

## DIE OFFENBARUNG DURCH DIE HERRLICHKEIT

und er übersetzte uns die Worte ins Englische.

Das einzige, was ich von diesem japanischen Bruder wußte, war, daß er gerade eine Kirche gebaut hatte zwischen Narita Airport und Tokio. (Das ist genauso, wie wenn wir sagen würden, daß er eine Kirche zwischen Los Angeles und San Diego gebaut hat). Und als jetzt der HERR sagte, daß ich diesen Mann treffen würde, so konnte ich über ihn nichts mehr in Erfahrung bringen.

Und so flog ich nach Tokio, ging direkt in eines der Flughafenhotels, nahm den Telefonhörer und begann die Kirchen in diesem Gebiet anzurufen. Zuerst rief ich die Baptisten an. Ich sagte ihnen, wer ich war, daß ich aus Jerusalem komme und daß ich in Korea einen Japaner getroffen hätte, der eine Kirche gebaut hatte und es war wahrscheinlich eine Pfingstkirche oder Charismatische Gemeinschaft, es war vor einigen Jahren und sie müsse irgendwo zwischen Narita und Tokio liegen. Sie konnten mir nicht helfen, aber sie gaben mir die Telefon-Nummer der Assembly of God Church.

Und dann rief ich die Assembly of God Church an. Sie kannten den Bruder nicht, den ich suchte und wußten auch nichts über diese Kirche, aber sie kannten einen Bruder, der in charismatischen Kreisen verkehrt. Sie gaben mir seine Telefon-Nummer.

Ich rief den Bruder an und ging zum dritten Mal durch diese Vorstellung. Er antwortete mir: „Schwester Ruth, ich habe Sie nie getroffen, aber einige unserer Leute gingen nach Jerusalem und besuchten Ihre Bibelschule. Ich kenne den Bruder, über welchen Sie sprechen und den Sie suchen. Lassen Sie mich nur die Telefon-Nummer heraussuchen."

Als unsere Unterhaltung aufhörte, rief ich die Nummer an, die er mir gegeben hatte. Ich sagte zu ihm: „Lieber Bruder, wahrscheinlich erinnern Sie sich nicht an mich. Zwei von unseren Schwestern aus Jerusalem trafen Sie auf Schwester Choi's Platz auf dem Gebetsberg vor einigen Jahren."

„Oh ja, ich erinnere mich an zwei Schwestern von Jerusalem," antwortete er. „Wo sind Sie jetzt?"

„Nun, ich bin am Flugplatz", sagte ich ihm. „Ich habe eine Botschaft vom HERRN für Sie. Ich kam nur hierher, um Sie zu treffen."

Er sagte: „Liebe Schwester, es tut mir so leid. Ich mache mich gerade fertig, um eine Konferenz zu besuchen."

„Ich weiß", antwortete ich ihm.

„Du weißt es?" fragte er mich. „Nun, ich bin gerade beim Packen und ich will etwas später heute noch weggehen. Könnten Sie ganz schnell kommen?" Er erklärte mir den Weg.

Als ich noch in dem Flugzeug aus Hong Kong war, fragte ich den HERRN:

„Welche Botschaft soll dieser Mann auf der Konferenz bringen?" ER erinnerte mich, daß einen Tag bevor ich Jerusalem verließ, ich im Gebet das Wort „Kabuki" erhielt.

Kabuki, das wußte ich, war eine japanische Kunstform, ein traditionelles Spiel. Aber wenn Gott „Kabuki" zu mir sagte, so dachte ich mir, würde

**DIE OFFENBARUNG DURCH DIE HERRLICHKEIT 189**

ER nicht über Spiele sprechen. Was hat ER also gemeint?

Wir hatten gerade zu dieser Zeit einen japanischen Bruder in unserer Gemeinde in Jerusalem und ich dachte mir „wenn ich Zeit habe, dann muß ich daran denken und den Bruder fragen, was „Kabuki" meint. Aber ich vergaß, dies zu tun.

Und jetzt wiederum, auf dem Flug von Hong Kong nach Tokio, als ich den HERRN fragte, was seine Botschaft war, sagte ER wieder „Kabuki" zu mir.

Ich bat die japanische Flugbegleiterin zu mir und fragte sie: „Was meint eigentlich das Wort 'Kabuki'?"

„Es ist ein klassisches japanisches Spiel", sagte sie.

„Ja", meinte ich, „ich weiß, daß es ein klassisches japanisches Spiel ist. Aber was heißt das Wort 'Kabuki'?"

Sie dachte eine Weile nach und antwortete mir dann: „'Ka' meint eigentlich 'Lied', 'bu' heißt 'Tanz' und 'ki' heißt 'Kunst'."

Und sofort verstand ich, daß Gott über die Lied/Tanz-Kunst sprach, in der ER gepriesen sein wollte.

Als ich auf dem Bahnhof ankam, traf ich den Bruder und er nahm mich mit zu der Kirche, wo er mit seiner Frau in ein paar angrenzenden Räumen wohnte. Wir unterhielten uns über meine Reise nach China und über Israel, während wir japanischen Tee tranken.

Als wir mit dem Tee trinken aufhörten, war er

soweit, daß er seine Geschäfte erledigen mußte. Und er fragte: „Nun, Schwester, warum sind Sie gekommen?" Ich teilte ihm mit: „Ich bin gekommen, um dir die Botschaft zu geben, die du auf den Konferenzen dann weitergeben sollst."

Er sah mich ganz überrascht an, als ich „Konferenzen" sagte.

„Dies ist die erste Konferenz, wo ich eingeladen wurde zu sprechen", sagte er. „Ich bin aber bereits zu anderen eingeladen worden. Was ist diese Botschaft?"

„Die Antwort für Erweckung in Japan", sagte ich ihm, „kann in dem japanischen Wort - Kabuki - gefunden werden."

Er sah etwas befremdet auf mich und dachte wahrscheinlich an das japanische Spiel.

Ich wiederholte das Wort silbenweise: „Ka-bu-ki - die Lied/Tanz-Kunst im Lobpreis des HERRN."

Tränen füllten seine Augen.

„Ich habe gebetet, daß Gott mir eine Botschaft für die Konferenz gibt", sagte er. „Jedes Mal, wenn ich Gott bat, dann sprach ER über Singen und Tanzen. Ich sagte dem HERRN, daß ich weiß, daß Singen einen ganz wichtigen Teil in der Erweckung in Japan ausmachen würde, aber nicht dieses ungöttliche Tanzen. Jedes Mal, wenn ich betete, bekam ich die gleiche Antwort, und jedes Mal habe ich sie abgelehnt."

Gott hatte mich den ganzen Weg von Jerusalem über China dorthin gebracht, nur um ihm zu sagen,

## DIE OFFENBARUNG DURCH DIE HERRLICHKEIT

daß die Erweckung in Japan durch Singen und Tanzen kommen würde.

Ich diente ihm auch prophetisch. Und dann brachte er mich wieder zurück zum Bahnhof. Ich ging wieder zum Flughafen-Hotel zurück, holte meine Taschen ab und nahm den nächsten Flug nach Jerusalem.

Der Geist der Offenbarung wird inmitten der Herrlichkeit offenbart. Die Herrlichkeit offenbart uns, was kein Auge gesehen hat und kein Ohr gehört hat.

> *„Sondern wir reden von der Weisheit Gottes, die im Geheimnis verborgen ist, die Gott vorherbestimmt hat vor aller Zeit zu unserer Herrlichkeit."*     1. Korintherbrief 2:7

Es gibt eine ganz bestimmte Weisheit, die Gott für unsere erlebte Herrlichkeit bestimmt hat. Paulus sagte, daß wir von dieser Weisheit Gottes sprechen. Oft hoffen wir, daß wir sie sprechen. Wir möchten sie sprechen. Aber Paulus sagt, daß wir es schon tun. Er sagt, daß wir von der Weisheit Gottes sprechen, die im Geheimnis verborgen ist. Wir sprechen von einer verborgenen Weisheit, welche Gott für uns vorherbestimmt hat, vom Beginn dieser Welt an zu unserer Herrlichkeit.

> *„Denn wer in Zungen redet, der redet nicht für Menschen, sondern für Gott; denn niemand versteht ihn, vielmehr redet er im Geist von Geheimnissen."*     1. Korintherbrief 14:2

Was tun wir also, wenn wir in Zungen beten? Wir sprechen von Geheimnissen.

Wir sprechen von der Weisheit Gottes. Diese Worte, die für uns so unbedeutend sind, sind in Wirklichkeit ganz tiefgreifende Geheimnisse in Gott. Auch wenn du bis jetzt noch nicht deine erste Million gemacht hast, kannst du aber bereits in den Geheimnissen Gottes sprechen. Ja, du kannst es! Wir sprechen die Weisheit Gottes in Geheimnissen. Und das wurde von Gott vorherbestimmt zu unserer Herrlichkeit.

Wenn wir in anderen Zungen sprechen, dann sprechen wir Geheimnisse. *„Niemand kann uns verstehen."* Sehr oft haben Menschen diesen zweiten Vers zur Kritik am Zungenreden verwendet. Aber der Apostel Paulus benutzt es nicht negativ. Er sagt, daß dies sehr positiv ist. Er sagt im Wesentlichen: „Gott sei Dank versteht niemand. Gott sei Dank ist dein Verständnis nicht da. Gott sei Dank, daß du nicht auf dem Gebiet deines Verstehens bist. Du gehst hinein, um ein geistiger Mensch zu werden. Der Geist spricht. Der Geist betet. Der Geist versteht."

Das Auge hat noch nicht gesehen. Das Ohr hat noch nicht gehört. Das Menschenherz hat noch nicht erkannt, was Gott geplant hat. Und ER offenbart es durch Seinen Geist.

Und dann gehen wir hinein, in die Offenbarung Gottes. Und Gott offenbart sie uns, durch Seinen Geist. Und was ist uns dann offenbart? Das was das Auge noch nicht gesehen hat. Und was ist uns

## DIE OFFENBARUNG DURCH DIE HERRLICHKEIT

dann noch offenbart? Das was das Ohr noch nicht gehört hat. Und was wird uns noch offenbart? Was das Men-schenherz noch nicht erkannt hat. Gott zeigt uns dann durch Offenbarung diese gleichen Geheimnisse, die wir durch das Sprechen in Zungen bereits ausgesprochen haben, aber noch nicht wirklich bewußt kennen. Und in der Mitte dieser Worte ist die verborgene Weisheit. Und plötzlich erkennen wir, daß wir diese Weisheit aussprechen, weil die Offenbarung von unseren Lippen gesprochen wird.

Wenn du im Bereich der übernatürlichen Offenbarung leben möchtest, dann mußt du viel in Zungen reden. Singe viel in Zungen. Dann speist du die Quelle. Du singst dann der Quelle, daß sie viele Informationen geben wird. Du wirst im Offenbarungswissen fließen. Es mag nicht gleich im selben Moment passieren, weil du es in diesem Moment noch nicht brauchst. Wenn du aber dann in die Situation kommst, wo du dieses Wissen brauchst, dann ist es auch da.

Als ich nach Hong Kong ging, ich war ein ganz junges Mädchen, um dort dem HERRN zu dienen, arbeitete ich mit wohlhabenden Menschen zusammen, die zu den Geschäftsleuten des Vollen Evangeliums gehörten. Ungefähr fünfzig davon waren Millionäre. Mehr als einmal wurde ich auch im Zusammenhang mit geschäftlichen Dingen gefragt. Aber was wußte ich schon? Ich war achtzehn Jahre alt und hatte nur ungefähr fünfzig Dollar zu verwalten. Ich hatte überhaupt keine geschäftliche

Erfahrung. Aber Gott hatte mir versprochen, daß dann, wenn ich Sein Angesicht suchen würde, dann würde ER mir Seine Weisheit geben.

Immer wieder setze ich mich hin und höre die Antworten, die Gott mir gegeben hat und bin überrascht, wie jemand anderes durch mich antwortet. Es war immer meine Stimme, die sprach. Und es war mein Mund, der benutzt wurde. Aber die Worte waren Worte der Offenbarung. Ich habe viel in anderen Sprachen gebetet. Und deshalb, wenn ich Offenbarungswissen brauchte, dann war dieses Offenbarungswissen auch immer da.

Gott möchte es auch dir geben. Und Sein Offenbarungswissen läßt sich nicht nur anwenden auf die Dinge des Geistes, sondern auch im Bereich des Natürlichen.

Wir kommen in diesen Bereich der Offenbarung hinein durch das Gebet des Geistes. Und niemand tut es genug von uns. Ich bete nicht genug im Geist. Zeitweise lehre ich gerne über das Gebet im Geist, weil ich dann selbst mehr bewegt werde und ich wache dann nachts oft auf und bete in Zungen. Wenn du im Bereich des Offenbarungswissens leben möchtest, dann mußt du das Geheimnis Gottes in Geheimnissen aussprechen. Und Gott hat diese Geheimnisse uns offenbart durch Seinen Geist. Und die, die zuerst die Geheimnisse aussprechen, werden sie auch verstehen. Warum? *„Denn der Geist erforscht alle Dinge, auch die Tiefen der Gottheit."*

Es gibt Dinge, die wir alle gerne über Gott wissen möchten. Aber wir haben keine Ahnung, in wel-

**DIE OFFENBARUNG DURCH DIE HERRLICHKEIT** 195

chem Buch wir nachsehen sollen und in welchem Teil der Bibel wir es finden könnten. Unsere Konkordanzen und andere Studienmittel helfen uns nicht, die Dinge zu erfassen, von denen wir manchmal den Wunsch haben, daß Gott uns darauf eine Antwort gibt. Aber Dank sei Gott, wir haben den Heiligen Geist, der der Helfer ist.

Professoren, die Abhandlungen schreiben, haben spezielle Mitarbeiter, die alle Hintergrundarbeit machen und das ganze Material auffinden. Der Autor muß dann nur noch diese Unterlagen auf dem besten Weg zusammenfügen. Wir haben den Heiligen Geist. ER forscht für uns nach der tiefen und verborgenen Wahrheit. ER erreicht mehr, als der mächtigste Computer schaffen kann.

Gott gibt übernatürliches, offenbartes Wissen denen, die IHN suchen, im Heiligen Geist beten, und die Offenbarung kommen lassen. Wir sprechen die Weisheit Gottes in Geheimnissen. *„Der Geist erforscht alle Dinge, auch die Tiefen der Gottheit."*

„Denn welcher Mensch weiß, was im Menschen ist, als allein der Geist des Menschen, der in ihm ist? So weiß auch niemand, was in Gott ist, als allein der Geist Gottes.

*„Wir aber haben nicht empfangen den Geist der Welt, sondern den Geist aus Gott, daß wir wissen können, was uns von Gott geschenkt ist."*     1. Korintherbrief 2:11-12

Ich möchte euch ermutigen, im Geist zu beten und im Geist zu singen, mehr als jemals zuvor. Am

Anfang 1989 predigte ich in einer Methodisten-Kirche in Nord-Carolina. Ich ermutigte einen Pastor, der zu Besuch war, immer wieder in Zungen zu beten. Er sagte: „Ich habe in dieser Woche mehr in Zungen gesprochen, als während der letzten zehn Jahre, seitdem ich diese Erfahrung gemacht habe."

Gott gibt uns dies nicht nur als Geschenk. Er gibt es uns, um fruchtbar zu werden für das Königreich Gottes. Wir müssen solche werden, die im Geist beten und im Geist singen. Wir können in Zungen Gott lobpreisen. Wir können in der Herrlichkeit stehen und in Zungen singen. Wenn wir es tun, dann kommt die Offenbarung.

Ich weiß, daß das Singen im Geist eine große Rolle spielen wird, wenn die Erweckung kommt. Es wird ganze Gottesdienste geben, in welchen die Gemeinden in der Herrlichkeit des HERRN stehen und den HERRN im Geist anbeten.

Von dem Tag an, daß Gott dies zu mir gesprochen hat, habe ich jeden Tag im Heiligen Geist gesungen. Ich habe viele Freunde, die wunderschön im Geist singen können. Ihre Lieder haben einen himmlischen Klang. Anfangs war ich sehr zögernd im Geist zu singen, denn mein Singen war nicht so schön wie ihr Singen war. Ich entschied mich, daß ich jeden Tag im Heiligen Geist singen würde, solange, bis meine Fähigkeit sich an den Heiligen Geist zu halten, größer geworden war. Wenn Gott uns eine geistige Wahrheit offenbart, dann müssen wir lernen, darin zu fließen - auch auf ganz einfachen Wegen - bis wir geistig reif werden.

## DIE OFFENBARUNG DURCH DIE HERRLICHKEIT

(Das Geschenk als solches muß nicht „erwachsen" werden, aber unsere Fähigkeit, sich an den Geist zu halten und in diesem Geschenk zu fließen).

Ich hatte keine Visionen. Andere hatten Vision und Offenbarungen und ich war ganz aufgeregt zu hören, was Gott ihnen zeigte. Ich hörte die Stimme Gottes ganz klar, hatte aber persönlich keine Visionen erhalten. Ein Grund war, weil wir nicht gelehrt worden waren, daran zu glauben, daß wir sie bekommen können. Wir mußten unseren Glauben in der Anbetung ausüben. Unser Glaube mußte angewandt werden für die Rettung, für die Heilung, für die Taufe im Heiligen Geist und für finanzielle Wunder. Aber nur ganz selten wurden wir gelehrt, unseren Glauben in der Anbetung anzuwenden. Laßt uns unseren Glauben ausüben, um in die Sphäre der Herrlichkeit zu kommen und daß wir dann sehen können und wissen werden.

Mein anderes Problem war, daß ich nie darum gebeten hatte, sehen zu können. Und als ich anfing, danach zu fragen, dann begann ich auch zu sehen. Einer der Gründe, warum ich nicht darum gebeten hatte, war, daß ich nicht richtig verstand, was Jesus zu Thomas gesagt hatte:

> *„Spricht Jesus zu ihm: Weil du mich gesehen hast, Thomas, darum glaubst du. Selig sind, die nicht sehen und doch glauben!"* Johannes 20:29

Ich hatte die Tatsache akzeptiert, daß ich eben nicht sehen kann. Viele Jahre später, als Gott begann, mich herauszufordern auf dem Gebiet des Sehens, sagte ER mir dann, daß dieser Vers nichts damit zu tun hat, was das „Sehen im Geist" betrifft.

Was Gott heute tut, ist nicht ganz neu, aber ER tut es für mehr Menschen. Wir sind es gewohnt, zufrieden zu sein, wenn in einem bestimmten Gottesdienst nur ein oder zwei Menschen gesegnet werden. Wir gingen jubelnd nach Hause, weil Schwester Jones einen Segen empfangen hatte. Und nun tut Gott ganz neue Dinge. ER möchte, daß wir alle die gleichen Erfahrungen haben. Im Natürlichen können wir alle vor dem Fernseher sitzen, den gleichen Kanal einschalten und das gleiche Programm einschalten. In der Sphäre der Herrlichkeit können wir alle die gleichen Visionen haben. Wir können gemeinsame Offenbarungen haben. Wir alle können sehen und wissen und erkennen durch den Geist Gottes. Laß dich durch die Herrlichkeit in die Sphäre der Offenbarung hochheben.

Der Fall von Thomas war anders. ER versuchte vom HERRN einen Beweis zu bekommen. Frage den HERRN nach Visionen und du wirst Visionen erhalten.

Susan, die von der episkopalen Kirche kam (ähnlich der anglikanischen Kirche) fing an, Visionen zu sehen von dem Moment an, wenn sie mit dem Heiligen Geist erfüllt war. Gott lehrte sie durch Visionen die Bibel zu verstehen. Eines Tages sagte sie zu mir: „Ruth, du siehst Visionen."

„Oh nein, ich nicht", antwortete ich ihr. „Ich habe keine Visionen." (Einige Menschen sind fast

**DIE OFFENBARUNG DURCH DIE HERRLICHKEIT 199**

stolz darauf, sagen zu können: 'Andere Menschen brauchen diese Dinge. Ich brauche nicht diese Hilfe oder spezielle Zeichen, um von Gott zu hören'.)

Ich verteidigte mich: „Nein, ich sehe überhaupt keine Visionen."

„Doch! Du siehst Visionen," beharrte sie.

„Nein, ich sehe keine", fuhr ich fort zu behaupten.

„Was ist es dann", fragte sie mich, „daß wenn du prophezeist, dann höre ich dich sagen 'Ich sehe dies und dies'?"

Für einen Moment mußte ich nachdenken. Ich wußte, daß ich nicht log und ich würde sicher nicht lügen, während ich prophezeien würde - wenn ich lügen würde. „Nun", antwortete ich, „ich sehe, aber gleichzeitig sehe ich doch nicht."

Wir verbringen soviel Zeit damit, Dinge zu erklären, die uns Gott bereits gegeben hat. „Ich sehe, aber gleichzeitig sehe ich nicht."

Von diesem Tag an paßte ich mehr auf, was eigentlich passierte, während ich prophezeie und ich fand heraus, daß sie recht hatte. Obgleich die Vision nicht das Wichtigste war, gab mir Gott doch auf diesem Wege eine Hilfe, wenn ich über Menschen Prophezeihungen aussprach. Die Vision offenbarte mir, was ich sagen würde. Visionen sind einer der wichtigsten Wege, auf denen Gott zu uns spricht.

*„Hier stehe ich auf meiner Warte und stelle mich auf meinen Turm und schaue und sehe*

*zu, was er mir sagen und antworten werde auf das, was ich ihm vorgehalten habe.*
*Der HERR aber antwortete mir und sprach: Schreib auf, was du geschaut hast, deutlich auf eine Tafel, daß es lesen könne, wer vorüberläuft!"* Habakuk 2:1-2

## DIE HERRLICHKEIT BRINGT OFFENBARUNG !

# DAS WISSEN DURCH DIE

# HERRLICHKEIT

## Hosianna - Hosianna

Hosianna, Hosianna,
Hosianna, Hosianna,
Hosianna, Hosianna,
Hosianna.

*„Er antwortete und sprach zu ihnen: Euch ist's gegeben, die Geheimnisse des Himmelreichs zu verstehen, diesen aber ist's nicht gegeben. Denn wer da hat, dem wird gegeben, daß er die Fülle habe; wer aber nicht hat, dem wird auch das genommen, was er hat.*

*Darum rede ich zu ihnen in Gleichnissen. Denn mit sehenden Augen sehen sie nicht und mit hörenden Ohren hören sie nicht; und sie verstehen es nicht.*

*Und an ihnen wird die Weissagung Jesajas erfüllt, die da sagt (Jesaja 6:9-10)*

*„Mit den Ohren werdet ihr hören und werdet es nicht verstehen; und mit sehenden Augen werdet ihr sehen und werdet es nicht erkennen.*

*Denn das Herz dieses Volkes ist verstockt: Ihre Ohren hören schwer, und ihre Augen sind geschlossen, damit sie nicht etwa mit den Augen sehen und mit den Ohren hören und mit dem Herzen verstehen und sich bekehren, und ich ihnen helfe."*

*Aber selig sind eure Augen, daß sie sehen, und eure Ohren, daß sie hören.*

*Wahrlich, ich sage euch: Viele Propheten und Gerechte haben begehrt, zu sehen, was ihr seht und haben's nicht gesehen, und zu hören, was ihr hört, und haben's nicht gehört."*     Matthäus 13:11-17

*„Es ist euch gegeben, die Geheimnisse des Himmelreichs zu verstehen."*

Das ist ein Geschenk des HERRN, ein Geschenk des Wissens, des Wissens durch den Heiligen Geist, Wissen durch das Sehen im Geiste, Wissen durch das Hören im Geiste. Es gibt Geschenke von Gott, welche durch die Herrlichkeit freigesetzt werden.

Gott möchte, daß wir solche Menschen werden, die die Geheimnisse des Königreichs Gottes verstehen können. ER möchte, daß in unserem Geist das Offenbarungswissen ist. Es ist bis heute noch nicht alles offenbart. Dieses Offenbarungswissen arbeitet immer noch und Gott möchte dieses Wissen und das Verstehen in deinen Geist hineinlegen. ER lenkt deine Augen auf die himmlischen Örter. ER möchte, daß wir uns nicht zu sehr mit den Dingen beschäftigen, die um uns herum sind, aber ER möchte uns diese Dinge zeigen, die über uns sind und auch in der Ewigkeit sind.

Ich finde nicht genug Menschen, die wirklich eifrig sind, die Wege des Geistes kennenzulernen. Wir waren gesegnet, weil meine Großmutter eine große Bibellehrerin war, nicht nur vom intellektuellen Standpunkt, sondern auch geistig, weil sie so hungrig nach Gottes Wort war. Sie forschte in der Schrift. Sie schrieb an Männer, die als die größten Bibellehrer angesehen wurden und stellte ihnen viele schwierige Fragen. Und dies waren keine einfachen Fragen über die Bibel, sondern Dinge, die in den Tiefen des Wortes Gottes verborgen waren. Sie suchte diese Wahrheiten genauso, wie ein Goldsucher nach einem seltenen Diamanten oder nach einer Goldader suchen würde. Die Schrift sagt, daß das Wort Gottes *„kostbarer ist als Gold."* (Psalm 19:10)

**DAS WISSEN DURCH DIE HERRLICHKEIT**

Großmutter schrieb an Dr. Evans und an einige andere große Männer, und fragte sie, was sie über eine ganze Reihe von Ergebnissen dachten, die sich durch das Studium der Schrift ergaben. Sie schrieben dann zurück und sagten: „Schwester Ward, wir haben bisher noch nicht einmal an die Fragen gedacht, bis Sie sie uns gestellt hatten."

Es ist gut für uns, Fragen zu haben (nicht vom Standpunkt aus, daß wir kritisch oder zweifelnd sind. Manche Menschen stellen einfach alles in Frage. Sie sind von Natur aus so, daß sie nur alles in Frage stellen und kommen niemals zu einer wirklichen Antwort). Wenn wir Fragen haben, so zeigt das, daß wir Gott wirklich suchen. Wir wollen mehr wissen. Wir wundern uns über Dinge. Wir sind neugierig, wer wohl die Offenbarung haben wird.

Bei einer ganzen Reihe von Gelegenheiten hatte mich der HERR zu großen Männern Gottes gesandt, um ihnen mehr Anweisungen zu geben. Dinge, für den sie den HERRN schon lange gesucht haben. ER sandte mich, um ihnen die Wahrheit von einem anderen Winkel aus zu zeigen, den sie vorher noch nicht betrachtet hatten. In anderen Bereichen waren sie über mir. Aber in den Gebieten, wo ich von Gott direkt geleitet worden war, dort konnte ich ihnen etwas assistieren. Wir sind nicht immer in der glücklichen Situation, daß wir uns mit jemanden hinsetzen können, der uns versteht und über Dinge sprechen können, die uns Sorgen bereiten.

Als ich fünfzehn Jahre alt war, hatte ich eine wunderbare Erfahrung gemacht. Mutter predigte in

Callao, Virginia, jede Woche ein paar Mal und da sie an solchen Tagen nicht selbst Auto fuhr, so fuhr ich sie überall hin. Den ganzen Weg hin und den ganzen Weg zurück konnte ich ihr viele Fragen stellen und hörte dann ganz gespannt, wie sie antwortete. Sie war immer sehr wohlwollend, jede Frage zu beantworten, obwohl ich sicher bin, daß es sie sehr ermüdet hat.

Irgendwann im nächsten Jahr, als ich sie von einer Versammlung in Atlanta, Georgia nach Hause fuhr, wurde ich mir dann mitten in der Nacht bewußt, daß ich irgendwo falsch abgebogen war. Mutter war im Beifahrersitz eingenickt. Ich sagte: „Mutter, würdest du nachsehen auf welcher Straße wir sein müßten. Ist es 544?"

„Oh, Liebling", antwortete sie müde, „ich bin so müde. Warte bis morgen, und dann werden wir darüber diskutieren, was im Matthäus 5:44 geschrieben steht."

Ich sagte ihr: „Mutter, ich fragte dich nicht über die Bibel. Ich fragte dich über die Straße."

Dieser Zwischenfall wurde ein Familienwitz.

Ich war einfach gesegnet worden, daß ich mich an geistige Menschen wenden konnte. Aber später dann, und zwar während vieler Jahre in meinem Leben, reiste ich unter Menschen, die nicht meine Sprache sprachen. In manchen Versammlungen mit oft zehntausend Menschen, z.B. in Indien, gab es manchmal nur eine Person, die Englisch sprach. Und weil dies meistens dann mein Übersetzer war, der dann, wenn er nicht gerade für mich übersetzte oder selbst predigte, meistens auch noch Verwaltungsarbeiten zu tun hatte. Die meiste Zeit reiste ich allein durch Indien und durch andere Länder mit Bussen, Booten, auf Zügen oder mit Flugzeugen. Durch diese Zeiten entwickelte sich zwischen mir und dem HERRN die gleiche Beziehung, die ich mit meiner Mutter hatte. „Herr, was ist dies? Und was das?"

Gott möchte, daß wir in den Reichtum Seines Königreiches hineinkommen. ER möchte nicht, daß wir weiter Babys bleiben.

Susan bekam alle diese frühen Visionen über die Bibel, weil sie eine Nacht nach der anderen, stundenlang, auf den Knien vor dem Altar gelegen war. Als sie mir sagte, was sie gesehen hatte, wußte ich ganz genau, daß sie nie darüber gelesen hatte. Ich sagte ihr, wo diese Dinge geschrieben sind, daß sie sie selbst lesen könnte und erkennen könnte, wie Gott sie lehrte - durch den Heiligen Geist.

Die Meisten von uns, wenn wir unter der Macht Gottes zu Boden fallen (oder „ruhen im Geist", wie viele sagen), stehen viel zu schnell auf. Gott möchte, daß wir dort liegen bleiben. ER läßt uns nicht zu Boden stürzen, nur um uns zu zeigen, daß ER es kann. Es ist Sein Operationstisch. Manchmal sind wir uns nicht bewußt. Aber ob wir uns bewußt sind oder nicht, wir sollten die Visionen kommen lassen. Laß dir von Gott Dinge zeigen.

„Aber was ist, wenn das nicht passiert?" werden viele fragen. Nun, dann bleibe dort und preise Gott, bete IHN an und erhebe IHN. Gott wird dir Dinge in deinen Geist legen, ohne daß du dir bewußt bist, was geschieht. Und dann, wenn du dienst, wirst du in größerer Autorität dastehen und du wirst erkennen, daß Aussagen aus deinem Munde kommen, daß du dich selbst wunderst, wo du sie gelernt hast. Wisse, daß Gott sie in die Tiefe deiner Seele gelegt hat, nimm sie zu deinem Verstehen und nehme sie in deinen Geist - wenn du unter der Kraft Gottes liegst.

Wir müssen länger vor Seinem Altar bleiben und uns von IHM das Wissen geben lassen. Denn es ist uns gegeben, zu wissen.

*„Im Traum, im Nachtgesicht, wenn der Schlaf auf die Menschen fällt, wenn sie schlafen auf dem Bett, da öffnet er das Ohr der Menschen und schreckt sie auf und warnt sie."*

Hiob 33:15-16

Wenn Gläubige eine hervorragende Charaktereigenschaft haben, so sollte es das Vertrauen sein, daß sie ein Wissen in ihrem Leben haben. Gläubige sollten immer vorwärtsgehen im Vertrauen. Wenn sie sonst keine andere positive Besonderheit haben, dann können sie vorwärtsgehen, in dem Wissen, daß der Geist der Wahrheit unter ihnen und in ihnen ist, und dies ist genug. Es wird großes Vertrauen bringen. Und die dieses besitzen, sind nicht zu verrücken und nicht zu schütteln.

Es ist das Wesen des Gläubigen zu wissen. Es ist dir gegeben, zu wissen, und es ist im Wesen des Gläubigen, zu wissen - nicht nur das ABC der Anfänger, sondern die Geheimnisse des Geistes zu wissen.

**DAS WISSEN DURCH DIE HERRLICHKEIT**

Und wenn wir es aussprechen, so bleibt das Geheimnis kein Geheimnis. Gott wird es zum Licht bringen, so daß wir ein Wissen und ein Verstehen dieser Dinge haben, die wir bereits in Zungen, im Geist, gesprochen haben.

> *„Was verborgen ist, ist des HERRN unseres Gottes; was aber offenbart ist, das gilt uns und unseren Kindern ewiglich, daß wir tun sollen alle Worte dieses Gesetzes."* 5. Mose 29:28

Wirst du immer gleich auslegen, was du sagst? Nein. Du betest wahrscheinlich stundenlang in Zungen. Wenn du dann aufstehst um zu sprechen, dann kommt die Offenbarung in zwei oder drei Sätzen. Aber es wird so eine mächtige Offenbarung sein, daß Menschenmengen gefüttert werden können. Wir müssen die Menschen mit Manna von oben füttern und das himmlische Manna ist das Offenbarungswissen. Gott möchte, daß wir dies in die Nationen der Welt bringen.

ER gibt uns nicht nur genug für unseren Haushalt. ER gibt dir genug für den Haushalt des Glaubens, für den Leib Christi, weltweit.

Als ich ein junges Mädchen war, sagte der HERR zu mir: „Wünsche dir kein irdisches Wissen oder irdische Weisheit. Wenn du mein Angesicht suchen wirst, dann werde ich dir Mein Wissen und Meine Weisheit geben." Und später dann zeigte ER mir Seine Treue indem ER mir Weisheit und Wissen gab.

Einer guten Freundin, Mrs. Bruce Crane Fisher, gehört Westover, an dem James River, eines der schönsten Beispiele der Georgianischen Architektur in Amerika. Menschen aus allen Teilen der Welt kommen nach Virginia, um dies zu sehen. Eines Tages, als ich gerade in Übersee unterwegs war, wurde ich mir plötzlich bewußt, daß es Dinge um sie herum gab, die ich nicht wußte und die ich wissen wollte. Wir waren viele Jahre Freunde. Wir haben miteinander gebetet und hatten gute Zeiten miteinander erlebt. Ich war immer so beschäftigt gewesen, daß es auch Dinge gab von ihr, die ich gerne gewußt hätte.

Ich entschied mich, daß das Erste, wenn ich wieder nach New York kommen würde, sein würde, sie anzurufen und eine Zeit auszumachen, wann ich sie besuchen könnte.

Sie sagte: „Warum kommst du nicht morgen zum Mittagessen?"

Ich ging zu ihr, ohne ihr zu sagen, was in meinen Gedanken war. Wir hatten so ein nettes Treffen. Zum ersten Mal entdeckte ich, daß sie in Prag, in der Tschechoslowakei aufgewachsen war. Ihr Großvater war unter der Wilson Administration ein Botschafter der Vereinigten Staaten in Peking, und ihr Vater war der Amerikanische Botschafter der Tschechoslowakai, als sie ein Kind war. Ihr Onkel, Hr. Charles Crane, war Berater von König Ibn Saud. Als wir uns länger unterhielten, sprachen wir dann mehr über persönliche Dinge. Ich lernte so viel über meine Freundin.

Es dauert einfach Zeit, bis wir jemanden kennenlernen. Und du mußt es auch wollen. Manchmal sagen

## DAS WISSEN DURCH DIE HERRLICHKEIT

wir zu dem HERRN: „Was du möchtest, das ich wissen soll, sage mir das einfach."

ER hat Sehnsucht nach der Gegenwart von jemanden, der IHN so sehr liebt, daß er sagt: „HERR, ich möchte gern sehen, wie der Rock deines Gewandes aussieht. Kannst du mir dies zeigen, HERR? Kann ich deine Augen noch klarer sehen? HERR, kannst du mir etwas sagen? Wirst du mir sagen, was du jetzt gerade über China denkst?"

Ich lache immer, wenn Mutter immer erzählt, daß sie den HERRN fragt, wann es ist, wenn der Früh- und Spätregen im gleichen Monat kommen wird. Sie sagt immer zum HERRN „Kannst du mir bitte sagen ........"

ER sagt zu uns: „Ich dachte, du würdest nie fragen. Ich habe so viele Dinge, die ich dir mitteilen möchte, die ich dir sagen möchte, die ich dir so gerne offenbaren möchte. Aber du warst immer so gleichgültig in Meiner Gegenwart."

„Du bist wie diese, die sich beeilen um zu McDonald's Restaurant zu gehen, um schnell noch einen Hamburger zu essen. Du hast nicht wirklich Zeit, dich hinzusetzen und dich an der Atmosphäre zu erfreuen. Du erfreust dich nicht an der Musik. Du freust dich nicht über die Ausschmückung. Du möchtest nicht den besonderen Geruch des Platzes spüren. Du möchtest nur herausgehen und zwar schnell."

„Ich möchte, daß du dich mit Mir in Mein Königreich setzt. Ich möchte dir viele Dinge offenbaren. Ich möchte, daß du dich bei Meinem Thron mit mir niedersetzt. Es ist dir gegeben zu wissen."

*"....Aber ihnen ist es nicht gegeben."* Warum? Weil ihr Herz nicht wirklich nach den Dingen Gottes sucht. Sie möchten das Wissen einfach um zu wissen, um Vorträge halten zu können. Sie möchten das Wissen, um argumentieren zu können. Sie möchten das Wissen, daß Menschen sie als große Redner erkennen können. Sie haben nicht den wirklichen Wunsch, zu wissen.

Einige möchten wirklich wissen. Ich möchte wissen. Ich möchte IHN auch kennen. Ich möchte wissen, was mit IHM in Zusammenhang steht. Ich möchte diese Dinge wissen, die mit Seinem Königreich in Zusammenhang stehen. Ich möchte Seine Geheimnisse wissen.

Ein Geheimnis ist immer etwas Verborgenes. Ich möchte die geheimen Dinge Gottes kennen, die vertrauten Dinge Gottes. Sie sind verborgen, aber ER möchte sie offenbaren und ich möchte sie wissen.

Wenn du den gleichen Wunsch hast, gebe IHM etwas mehr Zeit. Setze dich mehr mit IHM hin. Frage IHN die gleichen Fragen, die IHM die Propheten stellten:

„HERR, was bedeutet das?"

„Was heißt dies?"

„HERR, was ist damit?"

Es erfreut IHN, wenn ER uns die Antwort geben kann - durch Seinen Geist.

*„Aber selig sind eure Augen, daß sie sehen, und eure Ohren, daß sie hören.*
*Wahrlich, ich sage euch: Viele Propheten und Gerechte haben begehrt, zu sehen, was ihr seht, und*

## DAS WISSEN DURCH DIE HERRLICHKEIT

*haben's nicht gesehen und zu hören, was ihr hört, und haben's nicht gehört."* Matthäus 13:16-17

Du bist gesegnet! Du bist gesegnet um zu sehen und zu hören. Und Gott möchte, daß wir mehr sehen und mehr hören in den Tagen, die vor uns liegen. Gehe hinein in die Herrlichkeit des HERRN durch Lobpreis und Anbetung und erhalte das Wissen des Geistes.

*DIE HERRLICHKEIT BRINGT EIN WISSEN !*

# DIE PERSPEKTIVE DER

# HERRLICHKEIT

**Keine Grenzen im Geist Gottes**

Keine Grenzen im Geist Gottes,
Keine Grenzen in der Herrlichkeit.
Keine Grenzen im Geist Gottes,
Keine Grenzen in der Herrlichkeit.

*„Und die Völker werden wandeln in ihrem Licht; und die Könige auf Erden werden ihre Herrlichkeit in sie bringen."* Offenbarung 21:24

Die Offenbarung Gottes beginnt mit dem Gesicht Jesus und geht weiter in die Herrlichkeit des Himmels, hört aber immer auf der Erde auf. Bis Jesus wiederkommt, gilt Seine Besorgnis dieser Erde. Der Unterschied ist der, wenn ER dir die Erde zeigt, dann wirst du sie vom Blickpunkt des Himmels sehen, also von Seiner Perspektive aus. Wenn du die Erde dann auf diese Art sehen wirst, sind ihre Probleme nicht mehr so überdimensional.

ER wird dir dies zeigen, was Sein Herz berührt - vielleicht einen Platz, oder eine Situation, die dir noch nicht aufgefallen war. ER wird dir ein kurzes Aufleuchten von dem ewigen Standpunkt aus geben und wird einen Funken Verständnisses in deinen Geist geben, so daß du dann für diesen Platz oder diese Situation beten und auch dafür glauben kannst.

In der dünnen Atmosphäre von Tibet, die ungefähr 15000 Fuß hoch ist, da siehst du die Dinge anders. Es scheint so, als kannst du über alles sehen. Das Wasser schaut anders aus. Der Himmel schaut anders aus. Alles schaut anders aus. Wenn wir auf dem Berge Gottes stehen, schaut alles anders aus. Wir können mit anderen Augen sehen.

Gott muß uns in den Bereich der Herrlichkeit hochheben, so daß wir die Erde aus himmlischer Perspektive sehen können. Wir haben auf dieser Erdenebene so lange gelebt, daß wir die Dinge nur aus dieser Perspektive sehen können.

Als Jim Irwin zum Mond flog, verblüffte ihn am Meisten, daß die Erde nur noch die Größe einer Murmel hatte. Von da an nahm er immer eine Murmel mit sich, daß er sich immer an diese Perspektive erinnern würde. Aber für uns sind die Dinge total außerhalb der Perspektive, ist das nicht so? Wenn einer dir nicht die Hand schüttelt, dann ist es wie ein Berg. Der Feind ist einer, der ein Problem größer macht. Er vergrößert die Dinge aus ihrer normalen Proportion. Sogar wenn wir keine großen Probleme haben, so sehen wir die kleinen Dinge vergrößert. Unser Gebetsleben wird bestimmt durch irdische Vergrößerung und nicht durch den himmlischen Standpunkt. Wenn wir also in die Herrlichkeit des HERRN erhoben werden und den HERRN sehen, dann enden wir immer mit einem neuen Blickpunkt für die Erde.

Wir müssen mehr darüber gelehrt werden. Die meisten Menschen, die einmal den HERRN gesehen haben, meinen, daß es genug ist. Sie sind so aufge-

## DIE PERSPEKTIVE DER HERRLICHKEIT

regt: „Oh, ich habe den HERRN gesehen! Ich habe den HERRN gesehen!" Aber ER möchte uns einiges mehr zeigen. Die vollere Vision sollte uns etwas von der Erde zeigen. Wir müssen die Erde vom himmlischen Blickpunkt aus betrachten.

Wenn wir nicht aufpassen, dann nehmen wir die Zeitung, lesen über ein bestimmtes Problem und fangen dann an, darüber zu beten. Manchmal verwenden wir dann unsere ganze Gebetszeit darauf. Aber vielleicht möchte Gott von uns, daß wir über eine Not beten, die nicht in der Zeitung erwähnt wurde. Und diese Not wurde nicht im Fernsehen gebracht. ER möchte Menschen, die ER im Gebet hochheben kann und dann veranlassen kann, daß sie ihre Aufmerksamkeit auf eine bestimmte Not irgendwo in der Welt richten. Wir können im Gebet sehr erfolgreich sein, wenn wir die Not vom himmlischen Standpunkt aus betrachten.

Kürzlich hatte ich ein Erlebnis im Geist, wo der Kopf eines Adlers herunter über meinen Kopf kam, wie eine Maske auf einem Kostümfest. Dann kam der Kopf des Stieres herunter. Als ich dann in der Schrift nachforschte, fand ich heraus, daß der Kopf des Adlers und der Kopf des Stieres auf der gleichen Seite der lebenden Gestalten war. Der Adler stellt den visionären und den Aspekt der Offenbarung heraus, wo dagegen der Kopf des Stieres den Dienstauftrag des Leibes Christi darstellt. Wenn Menschen ausschließlich Visionen konsumieren, dann ist die Tendenz da, daß sie nicht ausgewogen sind. Wenn jedoch Vision und Offenbarung verbunden werden mit dem Dienst dem Leib Christi gegenüber, dann stimmt die Beziehung untereinander und ist ein Ganzes.

## BEKOMME DIE HIMMLISCHE PERSPEKTIVE!

*„Denn wenn ich in Zungen bete, so betet mein Geist; aber was ich im Sinn habe, bleibt ohne Frucht.*
*Was soll denn nun sein? Ich will beten mit dem Geist und will auch beten mit dem Verstand; ich will Psalmen singen mit dem Geist und will auch Psalmen singen mit dem Verstand."*
1. Korintherbrief 14:15 ?

Ich möchte Gottes Prioritäten sehen. Normalerweise tun wir es gerade umgekehrt. Wir beten mit unserem Verstand und „auch" mit dem Geist. Meistens beten wir dann deutsch, oder was sonst unsere Muttersprache ist. Und dann beten wir „auch" ein bißchen im Geist. Aber die Betonung liegt auf dem Heiligen Geist: *„Ich will beten mit dem Geist und will auch beten mit dem Verstand; ich will Psalmen singen mit dem Geist und will auch Psalmen singen mit dem Verstand"*. Und je mehr du in den Geist hineingehst, destomehr wirst du sprechen und singen und lobpreisen und anbeten in anderen Zungen - mit dem Geist des lebendigen Gottes.

Laß durch die Herrlichkeit Gottes deine Prioritäten verändern. Bekomme die Perspektive des HERRN. Sehe so, wie ER auch sieht. Wir werden so eine Erwek-

## DIE PERSPEKTIVE DER HERRLICHKEIT

kung erleben, daß ganze Nationen in das Königreich hineinkommen werden.

*"Und die Stadt bedarf keiner Sonne noch des Mondes, daß sie ihr scheinen; denn die Herrlichkeit Gottes erleuchtet sie, und ihre Leuchte ist das Lamm. Und die Völker werden wandeln in ihrem Licht; und die Könige auf Erden werden ihre Herrlichkeit in sie bringen."* Offenbarung 21:23-24

Gerettete Völker und gerettete Nationen? Für einige von euch ist es schwer zu glauben, daß eure Gatten gerettet werden. Gehe in den himmlischen Bereich, und du wirst nicht nur für deinen Gatten glauben, sondern du wirst für ganze Nationen glauben. Wenn du im Bereich des Irdischen bleibst, dann hast du schon ein Problem für jemand zu glauben, der nur eine Tür weiter wohnt. Aber wenn du im Geist gehst, dann kannst du auch für Kontinente glauben.

Das Wort Gottes sagt, daß es gerettete Nationen geben wird. Wir gehen einer großen Erweckung entgegen. Israel wird eine gerettete Nation sein. Ich weiß, weil der Apostel Paulus prophezeite *„Und ganz Israel wird gerettet werden"* (Römer 11:26).

Aber Israel wird nicht die einzige gerettete Nation sein. In dem Gebiet der Herrlichkeit ist dein Glaube frei um für die großen Dinge Gottes zu glauben. Du fängst an, den König der Herrlichkeit kennenzulernen. Du weißt, daß ER derjenige ist, der den Kampf kämpft. ER ist es, der die Siege bringt.

Als ich als junger Mensch in Hong Kong war, hatte ich schon eine Vision für die Nationen. Einige meiner Kameraden haben das nicht verstanden. Sie waren ganz erstaunt, daß ich mit Hong Kong allein noch nicht zufrieden war.

Sie fragten mich: „Wann kam diese Vorstellung von den Nationen in deinen Geist?" Ich weiß es nicht. Aber ich wuchs auf in der Herrlichkeit und wenn Gott spricht, dann spricht ER über die ganze Vision. Und Seine Vision ist immer für die ganze Welt. Wenn du Gott oft sprechen hörst, dann kommen Gottes Gedanken in deinen Geist und du wirst dir bewußt, was der HERR sich denkt.

Seine Wünsche sind immer für die Nationen. In den zwanzig Jahren, in denen ich jetzt in Israel lebe, sage ich selten allein „Jerusalem" ohne auch „Israel und die Nationen" mit einzuschließen. Gottes Segen für Jerusalem und für ganz Israel ist, daß durch Jerusalem und durch Israel die Enden der Erde gesegnet und gerettet werden.

DIE HERRLICHKEIT BRINGT
EINE NEUE PERSPEKTIVE!

STEHE IM LOBPREIS ...
   bis der Geist
   der Anbetung kommt.

BETE AN ...
   solange bis die
   Herrlichkeit da ist.

UND DANN ...
   stehe in der
   Herrlichkeit

# ANDERE ANBETUNGSLIEDER

von

Ruth Ward Heflin

## Jerusalem - Ein Haus des Gebets

Refrain:
Jerusalem, Jerusalem,
Ein Haus des Gebets, Jerusalem.
Jerusalem, Jerusalem,
Ein Haus des Gebets, Jerusalem.

1.
Ein Haus des Gebets für alle Völker,
Ein Haus des Gebets für alle Welt.
Jerusalem für alle Menschen,
Jerusalem, Jerusalem.

Refrain:

2.
Überwindendes Gebet ist die Antwort,
für Jerusalem, für alle Welt.
Überwindendes Gebet ist die Antwort,
Jerusalem, Jerusalem.

Refrain:

3.
Heilig ist der Herr, in Jerusalem.
Heilig ist der Herr in Israel.
Heilig ist der Herr inmitten Seines Volks,
Heilig, heilig, heilig, heilig.

Refrain:

## Ich bitt' für die Völker

Refrain:

Ich bitt' für die Völker, ich nenn' sie bei Namen,
Ich bring' sie zum Vater in Jesu Namen.
Ich bitt' für die Völker, ich nenn' sie bei Namen,

Ich bring' sie zum Vater in Jesu Namen!

**1.**
Im Namen von Jesus, im Namen des Herrn,
Komm' ich zu dir oh Gott, im Namen des Herrn,
Gib mir nicht Reichtum, gib mir nicht Ruhm,
Ich bitt' für die Völker in Jesu Namen.

Refrain:
Ich bitt' für die Völker .............

**2.**
Laß sie nicht nackt sein, laß sie nicht beschämt sein,
Vor dir zu stehen oh Herr, am Tag des Gerichts.
Oh mögen sie makellos und gekleidet sein,
Oh mögen sie Jesus kennen wenn sie stehn' vor dem Thron.

Refrain:
Ich bitt' für die Völker.............

## Er gab's mir

Refrain:
Ja Er liebt mich, liebt mich wirklich,
Sein Verlangen steht immer nach mir.
Und ich lieb' Ihn, lieb Ihn wirklich,
Mein Verlangen steht immer nach Ihm.

1.
Ein Ding erbat ich vom Herrn und Er gab's mir.
Zwei Dinge erbat ich vom Herrn und Er gab sie mir.
Ist es groß, ist es klein,
Er erhört mein Gebet,
Er ist mein Gott, ich bin Sein Kind
und Er liebt mich.

Refrain:
Ja Er liebt mich................

2.
Eine Seele wollt' ich vom Herrn und Er gab sie mir,
Zwei Seelen wollt' ich vom Herrn und Er gab sie mir.
Sind sie reich, sind sie arm, die Tür ist immer auf,
Er ist mein Gott, ich bin Sein Kind und Er liebt mich.

Refrain:
Ja Er liebt mich ................

3.
Ein Land verlangt' ich vom Herrn und Er gab's mir.
Zwei Länder verlangt' ich vom Herrn und Er gab sie mir.
Sind sie nah, sind sie fern,
Er ist der Morgenstern.
Er ist mein Gott, ich bin sein Kind und Er liebt mich.

Refrain;
Ja Er liebt mich ........................

## Und so warten wir

1.
Und so warten wir, bis Er wiederkommt.
Und so warten wir mit Freude und mit Hoffnung.
So warten wir, denn jeder Tag wird uns,
zubereiten auf das Kommen unseres Herrn.

Refrain:
Wir warten nicht ohne Hoffnung.
Wir arbeiten nicht ohne Belohnung.
Wir eilen nicht umsonst voran,
Denn wir warten auf das Kommen unseres Herrn.

2.
Ein Blick von Ihm erfüllt alle unsere Hoffnungen.
Sein Lächeln wird die Belohnung unseres Lebens sein.
Sind wir mit Ihm, kennen wir nicht mehr,
Den Schmerz der Trennung, von dem Einen, den wir erwarteten.

Refrain:
Wir warten nicht ohne Hoffnung.
Wir arbeiten nicht................

**So viele Wunder wirktest du**

So viele Wunder wirktest du,
So viele Wunder wirktest du,
So viele Wunder wirktest du, oh Herr für mich.
So viele Wunder wirktest du,
So viele Wunder wirktest du,
So viele Wunder wirktest du, oh Herr für mich.

## Ich spür' das Flattern ihrer Flügel

1.
Ich spür' das Flattern, Flattern, Flattern ihrer Flügel.
Lebende Gestalten im Rad, wie sie singen:
Heilig, heilig, heilig ist der Herr,
Der da war und ist und kommt.
Ich spür' das Flattern, Flattern, Flattern ihrer Flügel.

2.
Ich spür' das Flattern, Flattern, Flattern ihrer Flügel.
Sie rufen aus, daß der König bald kommt.
Die Engel schweben heran und
Jesus Christus wird bald erscheinen.
Ich spür' das Flattern, Flattern, Flattern ihrer Flügel.

3.
Ich spür' das Flattern, Flattern, Flattern ihrer Flügel.
Sie rufen heilig, heilig, heilig unserm König.
Und ich fiel auf mein Gesicht, denn die Herrlichkeit war hier.
Laß mich spür'n das Flattern, Flattern, Flattern ihrer Flügel.

## Dich will ich anschaun' Herr

Refrain:
Dich will ich anschaun', anschaun' o Herr.
Dich will ich anschaun', anschaun' o Herr.
Dich will ich anschaun', anschaun' o Herr.
Dich will ich anschaun' Herr.

1.
Jenseits von Mond und Sternen, bist du, bist du.
Jenseits von Mond und Sternen, bist du, bist du.
Jenseits von Mond und Sternen, bist du, bist du.
Dich will ich anschaun' Herr.

Refrain:
Dich will ich anschaun' .....................

2.
Von Ewigkeit zu Ewigkeit bist du, bist du.
Von Ewigkeit zu Ewigkeit bist du, bist du.
Von Ewigkeit zu Ewigkeit bist du, bist du.
Dich will ich anschaun' Herr.

Refrain:
Dich will ich anschaun' .....................

3.
Ohne dich brauchen wir keine Melodie.
Ohne dich brauchen wir keine Melodie.
Ohne dich brauchen wir keine Melodie.
Dich will ich anschaun' Herr.

Refrain:
Dich will ich anschaun'......................

4.
Schaut an die Lilien, wie sie blühen.
Sie arbeiten nicht, sie spinnen nicht
Und doch wachsen sie.
Und du wirst mich anschaun' Herr.

Refrain:
Dich will ich anschaun' .....................

## Warum läßt du nicht los und läßt Gott tun

1.
Warum läßt du nicht los und
Läßt Gott tun, was Er an dir tun will?
Warum läßt du nicht los und
Läßt Gott tun, was Er an dir tun will?
Warum läßt du nicht los und
Läßt Gott tun, was Er an dir tun will?
Warum läßt du nicht los und
Läßt Gott tun, was Er an dir tun will?

2.
Ich bin bereit und lasse Gott tun,
Was Er tun will in mir.
Ich bin bereit und lasse Gott tun,
Was Er tun will in mir.
Ich bin bereit und lasse Gott tun,
Was Er tun will in mir.
Ich bin bereit und lasse Gott tun,
Was Er tun will in mir.

3.
Warum bist du nicht bereit
in die Nationen dieser Welt zu gehen?
4 x

www.ingramcontent.com/pod-product-compliance
Lightning Source LLC
Chambersburg PA
CBHW060504090426
42735CB00011B/2106